btb

Aus Freude am Lesen

Nach Schröder, Fischer, Lafontaine, viel Basta und Testosteron sehnten sich viele nach einer neuen Politik. Nach einem sachbezogenen Regierungsstil. Nach einer Person wie Angela Merkel, die in der DDR den Wert von Freiheit und Unangepasstheit schätzen gelernt hat. Und endlich nach einer Frau im Amt. Die Physikerin Merkel machte Hoffnung auf eine Berliner Republik ohne Klientelpolitik, Mackertum und Lagerwahlkampf. Doch es ist alles beim Alten. Keine Reformen, sondern Stillstand, keine Problemlösungen, sondern Parolen. Kein Gedanke an die Zukunft, stattdessen Wahlgeschenke zur Machtsicherung. An der Spitze eine ihre Macht bloß noch verwaltende Einzelkämpferin.
Gewiss, da ist viel enttäuschte Liebe im Spiel. Und deshalb ist Cora Stephans schonungsloser Essay über den Aufstieg und Fall der Angela Merkel subjektiv und radikal zugleich und spricht doch vielen aus der Seele.

Die Publizistin CORA STEPHAN, geboren 1951 bei Osnabrück, ist eine der profiliertesten politischen Essayistinnen des Landes und als Anne Chaplet Autorin preisgekrönter Kriminalromane. Sie schreibt unter anderem für *Deutschlandradio*, *Die Welt* und die *Frankfurter Allgemeine Zeitung*. Dass sie sich auch in einem Buch endlich wieder politisch äußert, ist ihrer Enttäuschung über Angela Merkel zu verdanken.

Cora Stephan

Angela Merkel
EIN IRRTUM

btb

MIX
Papier aus verantwortungsvollen Quellen
FSC® C083411

Verlagsgruppe Random House FSC-DEU-0100
Das für dieses Buch verwendete
FSC®-zertifizierte Papier *Lux Cream*
liefert Stora Enso, Finnland.

1. Auflage
Genehmigte Taschenbuchausgabe Juni 2012,
btb Verlag in der Verlagsgruppe Random House GmbH, München

Umschlaggestaltung: © semper smile, München, nach einem Umschlagentwurf von bürosüd°, München
Umschlagmotiv: © Corbis / Pool
Satz: Uhl + Massopust, Aalen
Druck und Einband: CPI – Clausen & Bosse, Leck
MI · Herstellung: BB
Printed in Germany
ISBN 978-3-442-74422-0

www.btb-verlag.de

Besuchen Sie auch unseren LiteraturBlog www.transatlantik.de.

Angie – ain't it time we said goodbye?

Rolling Stones

INHALT

VORWORT

Von »Angie« zu »Tina«: Angela Merkel – ein Irrtum?

Manchmal muss man einen Irrtum bekennen. 2005 hatte ich Angie gewählt. Als ich im Sommer 2010 begann, ein Buch über die erste Bundeskanzlerin Deutschlands zu schreiben, musste ich mir eingestehen, stattdessen Tina bekommen zu haben. Tina wie: »There is no alternative«, eine Frau also, die ihre Entscheidungen »alternativlos« nennt, damit ihr niemand widersprechen kann, und die ansonsten matt vor sich hin regiert, die Fahne stets im Wind.

Doch manchmal wünschte man sich geradezu, geirrt zu haben. Heute, eineinhalb Jahre später, würde ich gern sagen: Und sie ist doch die Beste. Die nüchtern-rationale Pragmatikerin, die ihr Land ohne großes Getue durch die Krise führt, zwar auf Sicht fährt, aber mit Geduld und Zähigkeit und ohne testosterongesteuerte Risikofreude. Stur und stoisch, mit schildkrötengleicher Bedächtigkeit, ein Tier, das, im Unterschied zu den Dinosauriern, überlebt hat.[1] Mit dieser Meinung wüsste ich mich im Einklang mit der Mehrheit der Bevölkerung. Im Februar 2012 ist Angela Merkel die unangefochtene Nummer 1 unter den Bundespolitikern, an Beliebtheit von keinem anderen übertroffen. Auch in ihrer Partei war und ist Angela Merkel einsame Spitze. Die Konkurrenz ist ausgeschaltet, niemand ist in

Sicht, der sie ersetzen könnte. Und im Ausland macht sie eine gute Figur, übrigens ausgerechnet in Frankreich.

Vielleicht wird sie also doch noch in die Geschichtsbücher eingehen? Als Euro- und Europaretterin? Dann gäbe dieses Buch nur eine Auskunft: dass sich seine Autorin nicht nur ein, sondern viele Male geirrt hat.

Doch der Rückblick auf das vergangene Jahr und der Ausblick auf das Frühjahr 2012 überzeugen mich davon nicht. Im Gegenteil. Da kann Mutti noch so sehr mit ruhiger Hand regieren – schon jetzt ist ihre Bilanz bedrückend.

Die große Reformerin, als die sie 2005 antrat? Wen interessiert das Geschwätz von vorvorgestern? Trotz bester Konjunktur und glänzender Steuereinnahmen schafft selbst die schwarz-gelbe Regierung noch nicht einmal ein Reförmchen, das wenigstens die »kalte Progression« abschafft, die nichts anderes bedeutet als eine klammheimliche Bereicherung des Staates am Arbeitserfolg seiner Bürger. Und obzwar sich die Kanzlerin als Sparkommissarin ganz Europas gibt, ist Deutschland beim Schuldenmachen noch immer Spitze. Und so wird es wohl bleiben: Politiker sind es auch hierzulande gewohnt, die Wähler zu bestechen. Auf Pump.

Die Klimakanzlerin? Davon ist schon seit Längerem keine Rede mehr. Nicht nur, weil Merkels ehrgeizige Ziele weltweit nicht durchsetzbar sind. Sondern auch, weil der Zweifel wächst, dass der Klimawandel, so er denn stattfindet, nur eine einzige Ursache hat, die überdies durch menschliches Handeln bestimmt und damit beeinflussbar wäre. Mit Klimapolitik ist derzeit kein Blumentopf zu gewinnen, erst recht nicht durch eine Kanzlerin, die ohne Not und ohne Plan auf Atomkraft verzichten will, die doch bislang als »klimaneutral« galt.

Wird sie also wenigstens als Kanzlerin in die Geschichtsbücher eingehen, die die Energiewende vollzogen und Deutschland zum Musterland gemacht hat für die Energiegewinnung aus Quellen, die als erneuerbar gelten?

Als Japan im Februar 2011 durch ein katastrophales Erdbeben erschüttert wurde, hätte ich das Buch am liebsten zurückgezogen und um ein weiteres Kapitel ergänzt. Schlimm genug, dass man sich in Deutschland damals von einer Welle der Hysterie tragen ließ. Nicht die Erdbebenkatastrophe selbst und die vielen Opfer, die sie gekostet hatte, beherrschten die Nachrichtenlage, sondern die Havarie des Atommeilers von Fukushima. Und auch da ging es nicht um mögliche Opfer in Japan, sondern um die deutsche Angst vor allem, was »Atom« im Namen führt. Man fürchtete nicht nur um sein Sushi – ja, das auch! –, sondern ums eigene Leben. In Deutschland. Und obwohl deutsche Atomkraftwerke weder ein Erdbeben in dieser Größenordnung noch einen gigantischen Tsunami infolgedessen zu befürchten haben, obwohl die Sicherheitslage sich seit dem Beschluss einer Laufzeitverlängerung für deutsche AKW durch den Bundestag im Oktober 2010 also nicht verändert hatte, orientierte Angela Merkel sich an der gefühlten Gefahrenlage und verordnete ein »Moratorium«, das schließlich zur Abschaltung von acht Meilern führte.

Gewissensentscheidung oder Opportunismus? Immerhin standen wichtige Wahlen vor der Tür. Doch warum moralisieren: Eine Katastrophe kommt Politikern nun mal immer entgegen. Ob man am Beginn des Ersten Weltkriegs mit Wilhelm II. keine Parteien mehr kennt, sondern nur Deutsche, oder wie Helmut Schmidt und Gerhard Schröder angesichts anbrandender Hochwasserfluten den Landesvater einer solidarischen Gemeinschaft spielt: Schicksalsschläge bringen Menschen zusammen, und sei es nur eine »mitgefühlte« Katastrophe. Die Heilige Allianz zwischen Parteien und Volk ist der Traum jedes Politikers, der es versteht, den alten Satz vom Zusammenstehen in Zeiten der Not, die nun mal Opfer verlange, in eine moderne Form zu gießen.

Und vor allem: Die Welt zu retten ist einfacher, als eine Steuerreform durchzusetzen oder gar das Schuldenmachen einzustellen. Warum? Des übergesetzlichen Notstandes wegen, auf den man sich zur unmittelbaren Gefahrenabwehr beziehen kann. Natürlich muss es gar nicht wirklich gefährlich werden: Manchmal reicht es völlig, dem Bürger Angst zu machen, um ihn gefügig zu halten und auf neue Lasten einzustellen. Und so ließ die Kanzlerin Recht und Gesetz links liegen und schritt zur Abwehr einer gefühlten Gefahr. Das Moratorium verletzt einen Bundestagsbeschluss zur Laufzeitverlängerung für deutsche Atommeiler. Und weder Technik noch Infrastruktur für eine »Energiewende« sind bereits ausgereift oder auch nur vorhanden. Bis das der Fall ist, bezieht man eben Atomstrom aus den Nachbarländern. Schon beim Nachbarn Frankreich scheint die Atomkraft weniger gefährlich zu sein als im weit entfernten Japan. Für den Industriestandort Deutschland ist das alles blamabel und keineswegs ungefährlich.

Aber hierzulande vergisst man ja gern, woher der Wohlstand kommt, und leistet sich lieber die bange Frage, ob der Kapitalismus noch zeitgemäß ist.

Bleibt Angela Merkel als Retterin Europas. Tatsächlich: Sie macht eine gute Figur inmitten all der herumflatternden Gockel, die in der Euro-Krise den Kopf verloren zu haben scheinen und verzweifelt Pfründen verteidigen oder Sündenböcke suchen. Sie hält an der EU und am Euro fest, ohne – so scheint es zumindest – die Interessen des eigenen Landes aus den Augen zu verlieren. Naja – darauf hat sie schließlich ihren Amtseid geschworen. Ein Spagat, der bewundernswürdig wäre, wenn man nicht daran zweifeln müsste, dass er auf die Dauer gelingt. Denn hier wie auch in anderen Fällen wartet sie ab statt zu gestalten.

Griechenland erweist sich als Fass ohne Boden und als Schrecken ohne Ende. Es wird mit höchster Wahrscheinlichkeit nicht in Euroland bleiben können. Die Lasten steigen von Woche zu Woche, ohne dass sich eine Perspektive zeigt. Immerhin: Das verschafft wohlhabenden Griechen viel Zeit, ihre Vermögen ins Ausland zu retten. Ansonsten schiebt jeder neue Kredit den Bankrott nur auf. Wann muss man Konkursverschleppung nennen, was manch einer eben noch als Angela Merkels Gelassenheit bewundert hat?

Die europäische Staatsschuldenkrise hat den Geburtsfehler der EU unbarmherzig enthüllt. Sie war eine politische Utopie, der es an wirtschaftlicher Grundlegung fehlt, weshalb statt Einheit heute Zwietracht herrscht. Die Länder Europas entfernen sich voneinander. Bis auf Frankreich und Deutschland unter Angela Merkel und Nicolas Sarkozy. Ob dieses Bündnis die Wahl des französischen Präsidenten im April überlebt? Und ob es nicht weiser und mit der deutschen Wirtschaftsphilosophie eher vereinbar gewesen wäre, die Kanzlerin hätte von vornherein nicht vor allem das Bündnis mit dem südlich temperierten Charmeur Sarkozy gesucht, sondern auch mit dem nördlich-kühl kalkulierenden britischen Premier oder mit den skandinavischen Ländern? In Großbritannien mag man nörgeln, dort neigt man zur pragmatischen Sicht auf Europa, nicht zur europäischen Emphase – doch Großbritannien war stets ein verlässlicher Nettozahler.

Dass Angela Merkel die deutsche Maggie Thatcher werden könnte, haben viele befürchtet und einige gehofft. Die britische Premierministerin hatte ein überaus realistisches Bild von Europa: Sie hielt die EU für das erste historische Gebilde, das einzig »durch die Bürokratie für die Bürokratie« existiere. Doch es gibt keinen Grund zur Hoffnung.

Angela Merkel – ein Irrtum? Die Geschichte – und die Bundeskanzlerin – mögen mich eines Besseren belehren.

Ilsdorf, im Februar 2012

Anmerkungen

1 »Gabor Steingart, Der Merkel-Moment, in: Handelsblatt, 23. 12. 2011.

KAPITEL 1

Vom »Mädchen mit dem scharfen Schwert« zur Kanzlerin

Es versprach eine Zeitenwende zu werden. Ein historischer Moment. Die Chance auf einen Neuanfang. Ein Wunder.

Eine Frau aus dem Osten schickte sich im September 2005 an, die erste Bundeskanzlerin Deutschlands zu werden. Eine Reformerin, eine mutige Kämpferin, eine gewiefte Machtpolitikerin. Eine Frau mit Verstand, Programm und klarer Sprache, ohne die vertrauten Reflexe der in zig Lagerwahlkämpfen abgestumpften Politmatadore. Fünfzehn Jahre nach der deutschen Einheit die erste gesamtdeutsche Kanzlerin: Angela Merkel.

Was für ein Irrtum. Nach fünf Jahren ist der Funke längst erloschen. Wohl selten hat jemand so anspruchslos vor sich hinregiert wie die erste Frau an der Spitze des Staates, die es in der Sparte »Aussitzen« mittlerweile sogar mit Helmut Kohl aufnehmen kann.

Ich war nicht die Einzige, die sich von Angela Merkel damals etwas erhoffte – und wenn es nur ein anderer Politikstil war: »Ich freue mich auf eine Bundeskanzlerin und darauf, dass es nicht mehr sonore Männerorgane sein werden, die uns die Richtlinien der Politik verkünden, sondern eine helle, klare und oft ein bisschen spöttische Frauenstimme, dass wir es nicht mehr mit Cohiba und schweren Roten zu tun kriegen, sondern dass leichtere Genussmittel und Farbe ins Spiel kommen – und nicht zuletzt, dass die womöglich künftige Kanzlerin nicht mehr die provinzielle Wessi-Kultur der Alt-68er repräsentiert, sondern als DDR-Pflanze den Wert der Freiheit hochschätzt und gegenüber den osteuropäischen Nachbarn von der Tragik weiß, dass für viele Menschen 1945 nicht Befreiung, sondern Stalinismus hieß.«

Das schrieb ich im September 2005 für die »Welt«, in der allerlei dichtende und denkende Leute gefragt wurden, »wie Deutschland wählt«. Nun, Dichtende wählen in diesem Land natürlich niemals CDU, die »Rechten«, weshalb mir mein Bekenntnis zornige Kollegen einhandelte. Bei den Denkenden sah das schon anders aus.

Mir war das egal. Ich bin weder CDU-Wählerin noch einer anderen Partei treu. Ich bin die klassische Wechselwählerin. Auch wird die Gesinnungsstärke von Parteien überschätzt. Dort siegt meist Pragmatismus, etwas, das man weniger höflich auch Opportunismus nennen könnte.

Für die CDU sprach, fand ich 2005, Angela Merkel – und für Angela Merkel sprach, was sonst noch im Angebot war. Nicht nur ich hatte die Nase voll von testosterongetriebenen Alphamännchen, die sich beständig an die Brust klopfen und Imponiergeschrei ausstoßen. Von der stickigen Provinzialität grüner Rituale, von der verlogenen Semantik der »sozialen Wärme«, von der menschelnden Betroffenheitslyrik. Von dem gespreizten deutschen Selbsthass.

Aber auch von den Übertaktierern, von den Biertischstrategen, den autoritären Siegertypen. Vom Männerbund des »Andenpakts« ebenso wie von den idealen Familienvätern, die für die Homestory in bunten Blättern ihre Sonntagsfamilie herzeigen und wochentags fremdgehen. Und die nichts im Kopf, aber dafür »Kontakte« haben.

Bei Angela Merkel konnte man sicher sein, dass sie in jungen Jahren nicht am Tor zum Kanzlerbungalow in Bonn gerüttelt und »Ich will hier rein!« gerufen hat. Dass sie nicht nächtelang in der Bonner »Provinz« bei Bier, Schnaps und Wein von der Macht getönt hat und wie man sie am besten verteilt. Dass sie uns mit Hillu und Doris, mit Selbstfindung, Joggers' High, Diätrezepten und italienischem Rotwein in Ruhe lassen würde.

Man konnte davon ausgehen, dass sie Deutschland nicht nur zur Fußballweltmeisterschaft prima findet und bei Fahne und Nationalhymne nicht fremdelt. Und dass sie dennoch das vaterländische Pathos nicht kann, die schweren Reden schwerer Männer.

Sie kam aus der DDR, machte aber nicht auf Widerstandskämpferin, die sie nie war. Sie ging nicht mit ihrem Frausein hausieren. Sie leitete aus ihrer Kandidatur keine historische Notwendigkeit ab.

Genau das fand ich angenehm. Angela Merkel ignorierte Chance und Risiko des Frauseins, stand ebenso schüchtern wie selbstbewusst da und schien zu sagen: »Ich kann, weil ich will.« Sie spielte die kleine Sensation herunter, dass es erstmals eine Frau (und auch noch eine aus dem Osten) war, die gute Chancen hatte, Bundeskanzlerin zu werden.

Was ziemlich viel Zumutung auf einmal bedeutete. Deshalb war es geschickt, nicht mit der Frauenkarte zu trumpfen. Just in dem Milieu, das sich einiges darauf zugutehält, stets auf der Seite der Frauen zu stehen, kam sie nämlich gar nicht gut an. Weil sie in der falschen Partei war, klar: Frausein allein genügt nun mal nicht, man muss auch die richtige Gesinnung vorzeigen.

Es gab jedoch auch weniger edle Motive. »Wie die schon aussieht!« – das schien man in rot-grünen Kreisen für ein ernsthaftes Argument gegen Angela Merkel zu halten. Man muss den Typen nur ins Gesicht sehen, hieß das mal, zu einer anderen Zeit, an einem anderen Ort.

Doch warum soll es im linken Milieu weniger wichtig sein als anderswo, Zeichen der Dazugehörigkeit zu setzen und zu entschlüsseln? Weltoffen und tolerant ist man nur, wo's passt. Der gehässige Spott, der von den »besseren Menschen« über Angela Merkel gekübelt wurde, war allerdings nicht selten von einer Art, die man in diesen Kreisen gern »menschenverachtend« nennt. Wenn sie vom Gegner kommt.

Angela Merkel wirkte fremd, auch wenn sie auf ihr Äußeres mehr Wert legt, seit sie in die Hände von Friseuren und Stylisten geraten ist. Sie gehörte nicht dazu. Auch das gefiel mir.

Angela Merkels Kandidatur war also in jeder Hinsicht riskant. Wahlstrategen hatten schon im Fall von Rita Süssmuth, der ersten Frauenministerin unter Kanzler Kohl, von einem negativen Effekt nicht bei den Wählern, sondern bei den Wählerinnen gewarnt: Frauen, die sich (sozial) schwach fühlen, heißt es auch heute noch, vertrauen eher einem Mann. Die Aufsteigerinnen aber haben Angst, dass die Frau da oben sich stellvertretend für sie blamiert und damit den eigenen Erfolg infrage stellt.

Westdeutsche Karrierefrauen und »die da«, diese Halbwilde aus dem Osten? Unvorstellbar. Dachte man. Doch auch das war ein Irrtum – ein folgenreicher.

Mir gefiel genau das: eine Frau, die kein Gedöns machte. Die nicht als »Powerfrau« nervte, mit »Bauchgefühl« agierte oder ihren Mangel an Substanz mit »sensibler« Wortwahl verdeckte. Die sich, kurz gesagt, nicht mit Frauenbonus vermarktete – weil sie das nicht nötig hatte.

Irrtum?

Mich überzeugte das, was laut Angela Merkel der CDU fehlen würde, wenn sie 1990 nicht in die Politik gegangen wäre: Angela Merkel. Angie, nicht »Mutti«.

Andere Freunde, Wechselwähler, die wie ich mit der Abgabe ihrer Wahlstimme nicht auch gleich für ein Milieu oder eine Weltanschauung optieren, empfanden ebenso: Hier kommt eine, die erfrischend anders ist, die noch ungeschliffen wirkt, die nicht nur politische Reflexe abliefert, die sich in Lager- und Grabenkämpfen noch nicht aufgerieben hat. Eine, die klare Sätze sagt, ohne sich politisch korrekt abzusichern, die keine gelackte Politikdarstellerin ist, die nicht den Stallgeruch von Ochsentour mit Seilschaft ausdünstet.

Und deren Wahl man vielleicht sogar als Zeichen sehen könnte: Angela Merkel wäre nicht nur der erste weibliche Bundeskanzler, sie stünde auch für die gelungene Wiedervereinigung. Und sie wäre ein Beweis dafür, dass es noch immer möglich ist, das Milieu der Berufspolitiker mit seinen festen Bräuchen aufzumischen, ja dass es einer »Quereinsteigerin« gelingen kann, sich durchzusetzen.

Sie wirkte, seit man sie auf der politischen Bühne wahrgenommen hatte, unprätentiös, uneitel, unabhängig. Den Westnostalgikern missfiel womöglich genau das. Die Frau war nicht durchs Stahlbad von 1968 und die Frauenbewegung gegangen, hatte alle ideologischen und anderen Moden der 70er- und 80er-Jahre verpasst, hatte, kurz gesagt, von nüscht ne Ahnung. Und meinte auch noch, sie könne sich erlauben, von »Deutschland« zu sprechen, weil man das in der DDR nicht hatte sagen dürfen. Im Westen allerdings auch nicht. Da hieß das B.R.D. Aus Respekt vor der D.D.R. Oder so.

Angela Merkel, mit anderen Worten, fehlten die richtigen Erinnerungen und das passende Vokabular. Ich hielt das nicht für einen Nachteil.

Für sie bedeutete 1968 nicht nur die Chiffre für die Heldentaten der westdeutschen Studentenbewegung, sondern schmerzhafte Erinnerung an den Einmarsch der sowjetischen Truppen in Prag, unter tätiger Mithilfe der NVA. Und was die Frauenbewegung beschäftigte, hielt sie für Luxusprobleme.

Angela Merkel kannte die Minenfelder der westdeutschen Öffentlichkeit nicht. Sie ignorierte sie einfach. Sie hatte die aufgeregten Debatten und Neujustierungen nicht mitgekriegt, in denen man sich im Westen verständigt und versichert und als aufgeklärt empfunden hatte. Ihr fehlte jene Dankbarkeit, mit der man sich noch im Saarland durch die Rote Armee von den Nazis befreit fühlte. Und die Kaltschnäuzigkeit und Unbedarftheit, mit der Westlinke der DDR und der Sowjetunion die doch an und für sich wunderbare »Idee« des Sozialismus zugutehielten, ohne Rücksicht auf die real existierenden Verluste an »konkreten Menschen«.

Merkel war erfrischend frei vom ganzen aufgerüschten Konflikt- und Ideologiemüll aus der Vorwendezeit. Sie wirkte, nicht nur auf mich, unbefangen, unbelastet von den Übungen in politischer Korrektheit, ungeübt im Gefühlssprech der Betroffenheitspolitik, ohne frauenbewegte Empfindlichkeit. Sie bestand nicht auf den Symbolen, auf die der Feminismus bei den großen Parteien geschrumpft war: auf dem Genderspeak und der Quote. Merkel wollte Kanzler werden, nicht Kanzlerin.

Das tat gut. Endlich mal was anderes. Merkel war ein Außenseiter, nicht nur in ihrer Partei, sie war auch der Mehrheit der Deutschen fremd. Das versprach ein echtes Experiment.

Nur: Wer wollte das schon – ein Experiment?

Im Nachhinein schockiert mich der Umgang mit Angela Merkel. Habe ich vielleicht deshalb mehr Hoffnungen in sie gesetzt, als gerechtfertigt war? Weil es ihr mit ihrer bloßen Existenz gelungen zu sein schien, die Hüter von Toleranz und »Menschlichkeit« zu entblößen?

Es war nicht die CDU, es waren die politischen Gegner, die mit einem mächtigen Abwehrzauber gegen die neue

Erfahrung ins Feld zogen. Merkel hieß bei ihnen »Kohls Mädchen«. »Das Merkel« war »Birnes« Geschöpf. Eine Marionette ohne eigenen Willen. Basta. Thema durch.

Tatsächlich wirkte sie zu Beginn ihrer verblüffenden Karriere nicht ganz von dieser Welt. Ein Fernsehauftritt von 1991 zeigt die Frauenministerin, eine junge Frau in roter Strickjacke, mit praktischem Bubikopf und großen Augen, deren Hände nervös mit einer Büroklammer spielen. Mit schüchternem Augenaufschlag und ohne auch nur ein gewinnendes Lächeln gibt sie eine Art Rechenschaftsbericht über ihre politische Tätigkeit ab. Zum Schluss presst sie die Lippen zusammen, als ob sie Lob oder Tadel erwartete.

Dass aus diesem Bambi die »schwarze Witwe« der CDU werden sollte, stand ihr nicht auf der Stirn geschrieben.

Doch spätestens 1999 war klar, dass das Geschöpf sich emanzipiert hatte. Als die schmuddelige Spendenpraxis der Kohl-CDU aufflog, im Moment der Krise, war sie die Einzige, die mit Gewissheit nicht involviert war. Plötzlich war es kein Manko mehr, sondern ein Glücksfall, dass sie nicht dazugehörte. Sie steckte mit niemandem unter der Decke, war nicht verstrickt, nicht gefesselt im engen Geflecht von Loyalitäten, war frei von Rücksichten. Angela Merkel machte aus ihrer Fremdheit einen uneinholbaren Vorteil.

Deshalb konnte sie rücksichtslos sein, als es nottat, auch ihrem Förderer Helmut Kohl gegenüber. Ende Dezember 1999 zeigte sie die Zähne.

Man staunte. Das Merkel war also machtbewusst. Hatte Geduld gehabt, Gespür für den richtigen Moment. Nahm ihre Partei an die Kandare. Und widmete sich dann dem nächsten Gegner: Gerhard Schröder.

Zu Angela Merkel gehören Bilder. Zu Rot-Grün auch. Eines habe ich fest vor meinem inneren Auge: Das Bild von Gerhard Schröder, Joschka Fischer und Oskar Lafontaine nach Abschluss der Koalitionsverhandlungen 1998. Drei triumphierende Alphatiere, die sich soeben die Beute aufgeteilt hatten, in feinem Zwirn und mit Champagnerkelch in der Hand. Drei, die sich schier ausschütten wollten über den gelungenen Coup.

Vor Lebenslust überschäumend, verteilten die Gewinner die Beute, zu der Staat und Regierung offenbar zwischenzeitlich erklärt worden waren. Und jetzt war Bescherung für alle: Hier brauchte eine verdiente Parteifrau ein Pöstchen, da musste ein innerparteilicher Gegner ruhig gestellt werden, dort war dieser Proporz zu wahren und jene Quote zu erfüllen. Nicht, was dem Lande diente, umschrieb den Horizont der Aufgabenverteilung. Der ungleich kleinere Radius, den der Machtkampf innerhalb der Parteien diktierte, entschied darüber, wer ministrabel war oder wenigstens als Staatssekretär untergebracht werden musste. Mag sein, dass jeder Wahlsieger das so macht. Aber kaum einer war dabei so transparent, so grundehrlich, so dreist wie Rot-Grün in den ersten Regierungsjahren.

Von Demut oder gar Respekt vor der Aufgabe, ein Land wie die Bundesrepublik politisch zu steuern, war in diesen Gesichtern nichts zu lesen. Nicht die Andeutung jener Bescheidenheit, die Angela Merkel im Mai 2005, als sie

Kanzlerkandidatin geworden war, sagen ließ: »Wir wollen Deutschland dienen. Ich will Deutschland dienen.«[1]

Eine Floskel? Was man halt so sagt? Womöglich. Wahrscheinlich. Doch manchmal sind es die Kleinigkeiten, die erkennen lassen, welche Kluft zwischen den Biografien Ost und West liegt.

Die Schröders und Fischers hatten sich bereits vorgenommen, an die Macht zu gelangen, als die Pfarrerstochter Angela Merkel aus Templin in der Uckermark noch nicht einmal davon träumte – schon gar nicht von einem vereinten Deutschland. Gerhard Schröder, Spitzname »Acker«, trieb der Aufstiegswille eines Jungen aus ärmsten Verhältnissen an, Joschka Fischer, Metzgerssohn aus einer donauschwäbischen Familie, nicht minder, der sich von einer Karriere bei den »Grünen« irgendwann mehr versprach als vom revolutionären Kampf. Auch Oskar Lafontaine schien zu wissen, was er wollte. Nicht das Amt des Bundesfinanzministers, offenbar, von dem er knapp fünf Monate nach seiner Ernennung im März 1999 zurücktrat.

Angela Merkel hingegen näherte sich nach der Wende 1989 fast beiläufig der Politik, bewegte sich unauffällig nach oben, meldete ihren Machtanspruch verhalten an. Selbst ihr Sieg war kein Fanfarenstoß. 2005 lagen CSU und CDU, die Partei unter ihrer Führung, nur knapp vor der SPD unter »Basta«-Kanzler Gerhard Schröder. Angela Merkel erhob mit dem bis dato zweitschlechtesten Wahlergebnis der CDU/CSU Anspruch auf das Amt des deutschen Bundeskanzlers.

In der Wahlnacht erhielt sie ein zweites Mal Hilfe vom

politischen Gegner.[2] In der »Elefantenrunde« nach der Wahl trat ein sichtlich angeschlagenes Alphatier an. Noch-Kanzler Gerhard Schröder erklärte sich mit wölfischem Grinsen zum Sieger, obwohl auch die SPD ein zweitschlechtestes Ergebnis eingefahren hatte. Vor Verachtung dampfend beschied er seiner Gegnerin, sie werde »keine Koalition mit meiner sozialdemokratischen Partei zustande bringen«, denn: »Niemand außer mir« könne eine stabile Regierung bilden. Joschka Fischer saß sichtbar peinlich berührt dabei. Ihm war klar, dass seine Zeit als Außenminister vorbei war. Doch mehr konnte man als ehemaliger Frankfurter Streetfighter ohne Abitur oder Ausbildung wohl kaum erreichen.

Und Angela Merkel? Beharrte mit mädchenhafter Stimme auf ihrem Anspruch. Rotkäppchen hatte nicht die Absicht, vor dem bösen Wolf zurückzuscheuen.

Auch das gefiel mir. Denn sie hatte einen Wahlkampf hinter sich, in dem sie mit ungebremstem Machismo angerüpelt worden war. »Sie kann es nicht«, die graue Maus von Kohls Gnaden. Die irgendwie Geschlechtslose. Das war die Strategie ihrer Gegner. Gerhard Schröder agierte ohne falsche Rücksichtnahme auf bürgerliche Verkehrsformen. Und auch in »seiner« SPD schien sich niemand Gedanken darüber zu machen, dass der Wähler zwischen Wahlkampf – »Der beißt nicht! Der will doch nur spielen!« – und Politik nicht ganz so klar unterscheidet wie die Politprofis und Zyniker. Der Dreck bleibt liegen, und das schadet meist auch dem, der ihn geworfen hat.

Gerhard Schröder warf – und er ließ werfen. Jedenfalls hinderte er seine Angetraute nicht daran, sich frei nach dem Motto »Das Private ist politisch« einzubringen. Doris Köpf, Mutter dreier Kinder, ausgestattet mit blondem Heiligenschein, übernahm es, der kinderlosen Angela Merkel zu erklären, dass sie von Frauenbiographien keine Ahnung habe, da das Muttersein »nicht ihre Welt« sei. Und überhaupt, meinte Doris Köpf: War Merkel als ehemalige Frauenministerin nicht sogar »mit schuld« an den »fehlenden Kindern heute«? Das war an Perfidie nur noch vom Gatten zu übertreffen, der diesen Schlag unter die Gürtellinie mitnichten korrigierte, sondern ihn geradezu adelte: »Meine Frau sagt, was sie denkt. Und sie lebt, was sie sagt. (...) Das ist nicht zuletzt der Grund, warum ich sie liebe.« Hoch lebe der subjektive Faktor. Und die Hausfrauenehe.

Dass Merkel kein richtiger Kerl sei, hatte Schröder bereits hinreichend klargemacht. Doris Schröder-Köpf neutralisierte die Gegnerin ihres Mannes vollends. »Das Merkel« hieß Angie fortan bei besonders witzigen Zeitgenossen. Das hatte sie nun von ihrer Zurückhaltung in privaten Dingen, davon, dass sie keine Vorzeigefamilie präsentierte und Joachim Sauer gar erst 1998 geheiratet hatte. Ausgerechnet die Gegenseite warb plötzlich dröhnend mit jenen »Familienwerten«, als deren Hort sich jahrzehntelang die christlichen Parteien gegeben hatten.

Noch heute bin ich Angela Merkel dankbar, dass sie uns ihr Privatleben bislang weitgehend erspart. Möge sie dabei bleiben. Denn sicher ist bei Tina ja gar nichts mehr.

Bemerkenswert bleibt, dass auch die Frauen in der Quotenpartei SPD ihrem Alphatier seine Frauenfeindlichkeit weitgehend durchgehen ließen. Und dass sich kein »kritischer Intellektueller« der Republik ob der Intellektuellenverachtung genierte, die Gerhard Schröder im Wahlkampf zur Schau gestellt hatte, als er sich über Merkels Trumpf lustig machte, über Paul Kirchhof, den »Professor aus Heidelberg«. Angela Merkel, lautete die Botschaft, umgebe sich lieber mit lebenden Rechenmaschinen als mit »Menschen«, war also umweht vom Todeshauch »sozialer Kälte«.

Populistisch auf die Intellektuellenverachtung der Bevölkerung zu setzen, die es nun mal nicht mit »kalter Logik« habe, sondern wärmenden Gefühlen den Vorzug gebe, garantierte bislang Erfolg. Und auch diesmal hätte es fast geklappt. Nach einem Höhenflug, aus dem Medien und Meinungsforscher auf ihren garantierten Sieg schlossen, stürzte die CDU ab. Wg. »sozialer Kälte«.

Angela »Angie« Merkel siegte 2005 nur knapp. Sie schmiedete die Große Koalition ohne Schröder, aber mit »seiner« SPD. Sie ist seither eine andere geworden: Tina. There is no alternative. Die Alternativlose. Leider.

Hatte Angie nicht mal versprochen, eine Kanzlerin ohne Gedöns zu werden? Irrtum: 2005 begriff sie in Windeseile, dass Verstand nicht genügt, jedenfalls nicht in einer politischen Landschaft, in der auch Männer gelernt haben, dass sich niemand für die gemessene Temperatur interessiert, sondern nur für die »gefühlte«.

An Angela Merkel beweist sich auf paradoxe Weise die Behauptung Simone de Beauvoirs: »Man kommt nicht als

Frau zur Welt, man wird dazu gemacht.« Angela Merkel machte sich selbst zur Frau, die nun nicht nur Sachverstand, sondern auch »Gedöns« beherrscht.

Denn das zählt heute in der politischen Debatte: Gefühle zulassen, sich menschlich geben, nicht mit harten Fakten kommen, weiche Seiten zeigen. Man könnte das, getreu dem alten frauenbewegten Spruch »Das Private ist politisch«, eine »Feminisierung der Politik« nennen.

Doch meistens ist es ihre »Hausfrauisierung«: Man wolle es weiblich, also anders, also besser machen, hieß es damals, 1983, als die Grünen erstmals in den Bundestag einzogen, den die Frauen in ein Wohnzimmer verwandeln wollten. Man kann sie dafür beglückwünschen, dass sie gerade noch rechtzeitig erkannt haben, dass die Hausfrauisierung der Politik Arbeit bedeutet – und nicht unbedingt »Schöner Wohnen«. Und dass der Bundestag kein gemütliches Wohnzimmer abgibt.

Denn sie waren nun mal meistens die Ausputzerinnen der Geschichte, die Frauen, deren Stunde schlägt, wenn die Männer nicht mehr können. Sie räumen die Trümmer weg, ordnen die Bilanzen und die Verhältnisse, machen alles schön übersichtlich, bis das männliche Genie wieder Kraft hat, sich in die Bresche zu werfen und zu erschaffen, wo Frau bloß geordnet hat. Wenn Frauen aufsteigen, lautet eine beliebte Chauvi-These, beginnt der Niedergang des Gemeinwesens.

Die Parteifreunde in der CDU wären deshalb ganz zufrieden gewesen, wenn Angela Merkel sich nach dem Vatermord an Helmut Kohl wieder ins zweite Glied begeben hätte. Denn auf den weichen Gefühlssprech verstehen sich hierzulande auch die Männer.

Das sanfte Umspülen bitterer Wahrheiten durch gefühlsechte Betroffenheit war das Markenzeichen des alten Westdeutschland. Das, fand ich, gehörte gründlich gelüftet. Angela Merkel erschien mir einen historischen Moment lang als »das Mädchen mit dem scharfen Schwert«, das mit Plunder und Plüsch, mit Gefühlssprech und Betroffenheitskult Schluss machen würde. Nicht obwohl, sondern weil sie eine Frau war, die das Gefühlslametta, in das sich die Wahrheit zu kleiden hatte, unwürdig finden durfte.

Gerhard Schröder war da, so muss man rückblickend konstatieren, mutiger. Gerade weil er Sozialdemokrat war, konnte er mit der Agenda 2010 und mit Hartz IV folgenreiche Arbeitsmarktreformen anstoßen, die einen nicht unerheblichen Beitrag dazu geleistet haben, dass die deutsche Wirtschaft heute international so gut dasteht.

Angela Merkel aber hüllt sich mittlerweile in den kuscheligen Pelz der Menschlichkeit und lädt ans Lagerfeuer, an dem sich alle wärmen können, denen die Fröste der Freiheit zu schaffen machen.[3]

Warum? Weil »die Menschen« die nackte Wahrheit nicht vertragen und ein bisschen Wärme brauchen? Oder weil man damit so schön verdecken kann, wie wenig übrig geblieben ist von den guten Absichten, den großen Zielen und der klaren Ansage von »Angie« Merkel?

2005 war die Zeit reif für Angela Merkel. Doch hat sie sie genutzt? Oder ist ihre Kanzlerschaft ein weiteres Beispiel dafür, dass noch jede gute Absicht im politischen Getriebe zu Staub zermahlen wird? Ist vielleicht doch das System schuld? Das Wahlrecht? Der Föderalismus? Die Globalisierung? Oder kann sie es einfach nicht?

Zwischen damals und heute liegen rund fünf Jahre Kanzlerschaft Angela Merkels, vier in einer großen Koalition mit der SPD, eins mit dem Wunschpartner FDP. Fünf Jahre Zeit für die Frau, die alles ändern wollte. Und die, obwohl die Frisur hält, heute wie eine Getriebene wirkt.

Sie ist die mächtigste Frau der Welt. Gewiss. Und wie weiter?

Von der Mächtigen zur Einsamen

In einem Punkt ist Angela Merkel ganz gewiss kein Irrtum. Macht kann sie. Kaltblütig und entschieden. Das unterscheidet sie von vielen Frauen, die den Preis für den Kampf um die Macht nicht zahlen wollen. Und das hat sie mit all den anderen Machtsinnigen gemein: dass hinterher nicht viel übrig bleibt, dem diese Macht zugutekommen könnte, weil man mit dem Machterhalt beschäftigt ist.

Angela Merkel also machtversessen wie alle anderen?

Ach, das ist im Reich der Macht ein unsinniger Vorwurf. Eins ist gewiss: Ohne Machtbewusstsein hätte Angela Merkel es nie geschafft, sich in der CDU durchzusetzen. Der war es wahrlich nicht an der Wiege gesungen, dass ein Ostmädel ohne Stallgeruch und Ochsentour, ohne Seilschaften und Netzwerke es bis an ihre Spitze schaffen würde.

Sicher, in der Parteispendenaffäre und bei der Beseitigung Helmut Kohls hat sie vor allem die Ausputzerin gespielt. Aber ihre nächsten Schritte zur Macht waren ein Hindernislauf über die ausgestreckten Beine ihrer Gegner.

Der »Andenpakt«, ein Bündnis ihrer innerparteilichen Rivalen, ist heute Asche. Ich gebe zu: Ich sehe das durchaus mit einem gewissen Vergnügen, dass sie die arroganten Schnösel, die in ihr einen Unfall der Geschichte gesehen haben, Mann für Mann niedergemacht hat. Die Krönung: Mit Christian Wulff hat sie den letzten entsorgt und zugleich einen Bundespräsidenten von ihren Gnaden zur Verfügung. Den finanz- und europapolitisch kundigen Horst Köhler kann er nicht ersetzen, der in der EU-Krise fehlt – weil er gestört hat?

Ja, Macht kann sie, ganz ohne Zweifel. Gerhard Schröder, so heißt es, respektiere Angela Merkel deshalb heutzutage, und der muss es ja wissen. Doch Machtmenschen nehmen stets in Kauf, dass um sie herum die Wüste wächst. Der Verlust an politischer Substanz in der CDU durch den Weggang, das Wegbeißen von Friedrich Merz oder Roland Koch ist beträchtlich. Merkels einziger ernsthafter männlicher Konkurrent, Karl Theodor zu Guttenberg, ist ein Mann der CSU. Ob das reicht, dass sie, die Beratungsresistente, sich vornehmlich mit ihrem Küchenkabinett umgibt?

Und was ist aus ihrer Partei geworden?

Die Zeit der Aufbruchstimmung ist lange vorbei. Das war damals, beim CDU-Parteitag mit Stones-Musik und begeisterten »Angie!«-Rufen. 2005 war Angela Merkel im apricotfarbenen Blazer, mit Lady-Di-Frisur und Make-up, das »Pin-up-Girl« der Union, das von der »Erneuerung unseres Vaterlandes« schwärmte, welches für »eine neue Politik« bereit sei. Sie hat ihre Partei aus dem Tiefschlaf geholt, in den sie unter Kanzler Kohl gefallen war. Oder?

Irrtum. Die Modernität einer Partei misst sich nicht am Musikgeschmack ihrer Wahlkampfstrategen. Und wie reformfähig sie war, hat man gesehen: Immer dann, wenn es um wichtige Entscheidungen ging, störte entweder die CSU oder einer der CDU-Landesfürsten. Doch auch die Wähler haben Merkel die neuen Töne nicht gedankt: Die CDU hat unter ihrer Führung Millionen von Wählern verloren – bei der Bundestagswahl 1990 gab es noch gut 17 Millionen Stimmen für die CDU, 2005 gut 13 Millionen und 2009 weniger als 12 Millionen. Mit der Mehrheit der Wählerinnen kann die Partei schon lange nicht mehr rechnen.

Doch nicht nur die Zahl der Wähler ist ein Problem – ein größeres bereitet die Mitgliederbasis der CDU, die nur bedingt das Profil der Bevölkerung repräsentiert. »Männlich, ländlich, über 60« gilt für die CDU noch immer. Die Konservativen fühlen sich in Merkels CDU schon lange nicht mehr aufgehoben und fremdeln mit den familienpolitischen Vorstellungen Ursula von der Leyens oder Kristina Schröders. Da hilft auch eine konservative Gemüter beruhigende Parteitagsdebatte über die umstrittene Präimplantationsdiagnostik nicht.

Und die heiß umkämpfte »Mitte«, die von der Reformerin Merkel einst angezogen war? Die wählt derzeit lieber Grün, was sich ebenfalls als Irrtum erweisen könnte. Oder sie wählt gar nicht.

Hat Angela Merkel, DDR-geschult, wie sie ist, die CDU heimlich unterwandert – oder wenigstens ihre »Sozialdemokratisierung« vollendet? Nein. Ja. Vielleicht. Ihr Erfolg liegt darin, die Partei hinter sich fast zum Verschwinden gebracht zu haben.

Angela Merkels Hoffnung aufs »Durchregieren«, auf die »Politik aus einem Guss« hatte sich mit der Großen Koalition zerschlagen. Die Kanzlerin übt sich seither zunehmend in suggestiver sozialer Wärme. Die Stimmung im Lande schien der Sicherheit zuzuneigen, nicht der Freiheit. Und CDU wie SPD fiel nur eines ein, um den Wählerschwund aufzuhalten: Wahlgeschenke.

Was hatte Angela Merkel im Oktober 2003 verkündet: »Wir, das ist die Wahrheit, leben seit Langem vor allem von der Substanz. Der Staat hat sich übernommen. Ein Kurs des Streichens, Kürzens, Sparens ist unverzichtbar.«[4]

Oder im November 2003, auf dem Leipziger Parteitag: »Die Versäumnisse sind hinlänglich bekannt. (…) Die Bürokratie in diesem Land wird eben nicht abgebaut, der Arbeitsmarkt ist eben nicht flexibilisiert. Das Steuersystem ist bis heute nicht vereinfacht, und die Wachstumsbarrieren für die Wirtschaft sind nach wie vor existent.«

Genauso ist es. Bis heute. Denn auch in der rot-schwarzen Koalition wurde von der Substanz gelebt: Man setzte die Renten herauf, beschloss mehr Kindergeld, hob die Geldsätze für Hartz-IV-Empfänger an, spendierte ein Konjunkturprogramm auf Pump, erklärte sich für Mindestlöhne. Angela Merkel, die einstige Reformerin, immer vorneweg.

Doch jetzt steht einiges auf der Agenda, nicht zuletzt in der Europapolitik. Da rächt sich, dass Angela Merkel mit dem »Andenpakt« nicht nur ihre Konkurrenten niedergerungen hat, sondern auch jede Menge Fachkunde.

Die Krise der EU zeigt die Kanzlerin hilflos. Erst sagt sie nein, dann sagt sie, durch die Verhältnisse gezwungen, jein, dann ja. Ihr Finanzminister Schäuble hat seine eigene politische Agenda. Alle gemeinsam verlieren das Vertrauen der Wähler. Der Staat tut Milliarden von Euro raus, um Griechenland und Irland aus der selbst verschuldeten Malaise zu helfen – und demnächst vielleicht noch Portugal, Spanien, Italien, Belgien … Doch die Regierung ist noch nicht einmal in der Lage zu einer Steuerreform.

Weil sie Größeres vorhat? Zum Beispiel die Rettung des Weltklimas?

Glücklich, wer darüber lachen kann.

Die Diagnose ist bekannt: die »Politikverdrossenheit«, eigentlich: Politikerverdrossenheit, nimmt zu. Der Steuerbürger traut Politikern nicht mehr zu, mit dem in ihre Verantwortung gelegten Geld vernünftig umzugehen. Wer rechnen kann, ist die Beschwichtigungsfloskeln leid. Das gilt für den aufgeblähten Sozialstaat ebenso wie für ein Mammutunternehmen wie Stuttgart 21, das womöglich verfahrenstreu bewilligt worden ist, aber dessen Nutzen mittlerweile auch von jenen bezweifelt wird, die es einst miterfunden haben. Und es gilt erst recht für eine Europapolitik, die auf Vertragsbruch beruht. Die EU ist heute keine Wirtschaftsunion dynamischer und kreativer Länder mehr, ihr Geburtsfehler hat sich nicht ausgewachsen, sie ist durch verfrühte Mitgliedschaften überdehnt und entwickelt sich soeben zu dem, was sie nie werden sollte – zu einer »Transferunion«: Die Produktiven zahlen für jene, die jahrelang auf Pump gelebt haben. Griechenland und Irland sind bloß der Anfang. Und der Zahlmeister ist wie immer Deutschland. Ob das durch die Vorteile ausgeglichen wird, die Deutschland als Exportland durch die EU genießt?

Vielleicht. Aber niemand glaubt mehr so recht daran.

Es stimmt ja: Hierzulande ist eine andere wichtige Währung in die Knie gegangen. Man nennt sie Vertrauen – Vertrauen, dass alles schon mit rechten Dingen zugeht, dass man dem Staat Steuern zahlt, weil er vernünftige Dinge damit anfängt (zum Beispiel, Menschen aus unverschuldeter sozialer Not zu retten).

Wer Steuern zahlt, möchte nicht mehr mit moralischem Druck zur Kasse gebeten werden. Er ist die Wahlgeschenke an Rentner und andere wichtige Wählergruppen leid, die ihm als Solidarität mit den Bedürftigen verkauft werden. Er zweifelt an einer »Klimapolitik«, deren wissenschaftliche Grundlagen fragil und deren Instrumente und Zielvorgaben fragwürdig sind, die aber schuld daran ist, dass jetzt die Stromkosten steigen. Und er fragt sich auch in der Europapolitik, wo das wohl stattfinden mag, was der Regierung im Grundgesetz zur Aufgabe gemacht wird: die Wahrung der Interessen Deutschlands. Ob es um die Frage des EU-Beitritts der Türkei geht oder um die massive Unterstützung fallierender Staaten, ob um das Verhältnis zu Polen im Streit um die Vertriebenenstiftung, ob um die ebenso teuren wie nutzlosen Klimagipfel: Auch die Regierung Merkel lässt ein Gespür für jene Mitte vermissen, die alle zu umwerben behaupten. Die aber ist es leid, zu zahlen und den Mund zu halten.

Die historische Chance ist vorbei. Angie ist Tina geworden, die »alternativlos« nennt, wozu ihr nichts einfällt. Das offene Wort ist dem Neusprech gewichen, der Aufbruch dem hilflosen Verwalten der Ruine, die der Wohlfahrtsstaat mittlerweile geworden ist. Die »mächtigste Frau der Welt« wirkt wie eine Getriebene anderer, größerer Mächte. Doch Mitleid verbietet sich. Sie hat es schließlich so gewollt.

Was hat Angela Merkel zu befürchten? Einen Volksaufstand der Frustrierten? Der Abgeklärten und Zyniker, die sowieso nichts erwarten von »denen da oben«? Oder der Resignierten, die einkalkuliert haben, dass noch jeder die Schärfe verliert, der gegen die Glasglocke rennt?

Ich glaube, die Gefahr geht von den gut ausgebildeten, weltläufigen, unideologischen, ungebundenen Produktiven aus. Früher hätte man sie »bürgerliche Mitte« genannt, aber der Begriff ist verbraucht. Es sind Menschen, die längst beschlossen haben, ihr Leben an Staat und Regierung vorbei zu gestalten. Denen es peinlich ist, unter ihrem Niveau regiert zu werden. Und die sich mit einem Schulterzucken abgewendet haben. Oder mit einem Lachen.

Und das ist tödlich.

Von der größten Volkspartei ist in diesem Land selten die Rede. Dabei versammelte sie bei der Bundestagswahl 2009 18 Millionen Stimmen auf sich. Damit lag sie weit vor den knapp 10 Millionen für die SPD und den 14,6 Millionen Stimmen für die CDU/CSU: Ich spreche von den 18 Millionen, die bei der Bundestagswahl 2009 nicht mitgestimmt haben, den 18 Millionen Nichtwählern.

Und ihre Zahl wird zunehmen – es gibt schließlich nicht bei jeder Wahl eine historische Chance.

Aber vielleicht war ja auch das bereits ein Irrtum.

Von der Freiheitskämpferin zur Staatsratsvorsitzenden

Wenn es noch etwas gebraucht hätte, um mich davon zu überzeugen, dass ich mit meiner Kritik an Angela Merkel richtig liege, dann war es ihr Verhalten in der Debatte um Thilo Sarrazins Buch *Deutschland schafft sich ab.*[5]

Keine Sorge: Ich werde auf den folgenden Seiten weder Sarrazins Thesen verteidigen noch widerlegen. Es geht auch nicht um »Das muss man doch mal sagen dürfen«. Ich glaube vielmehr, dass der Umgang mit seinem Buch fast aussagekräftiger ist als das Buch selbst, das auch seine inzwischen eineinhalb Millionen Protestkäufer nicht alle gelesen haben dürften. Doch dass sie es überhaupt gekauft haben, für sich oder als Geschenk, ist ein Wetterleuchten am Horizont. Und das will uns etwas sagen. Auch und gerade – der Kanzlerin.

Dass die üblichen Betroffenen sich entsetzt und empört geben würden, war seit dem Aufschrei über ein Interview mit Sarrazin in »Lettre International« klar.[6] Aber dass sich Angela Merkel an die Spitze der Bewegung setzte, die Sarrazin verdammte, irritierte mich. Sie, die sich über Freiheit »sehr, sehr freuen kann«, die »unter Freiheit immer auch ein Stück Toleranz versteht«[7], brach den Stab über ein Buch, das sie gar nicht gelesen hatte, von dem sie aber dennoch wusste, dass es »äußerst verletzend« sei und »überhaupt nicht hilfreich«.

Freiheitskämpferin Angie? Irrtum: Staatsratsvorsitzende Merkel. Und das war richtig peinlich.

Wer wie Angela Merkel in der DDR aufgewachsen ist, hat stets gewusst, was man sagen darf und was nicht. Dass es gefährlich sein kann, etwas anderes als die vorherrschende Meinung zu vertreten. Dass es Tabus und nationale Mythen gibt, an die man besser nicht rührt. Dass es sich nicht schickt, »Der Kaiser ist nackt« zu krähen, wenn einer der Oberen seine unumstößliche Wahrheit verkündet.

So etwas Ähnliches gibt es, zugegeben, auch in Demokratien. Jahrelang etwa hatte man in der Bundesrepublik den Vorzug von Multikulti zu preisen und Zweifel daran zu unterdrücken, dass eine »bunte« Republik auch ein paradiesischer Zustand sei. Man wollte schließlich nicht als rassistisch gelten. Es gehörte sich ebenso wenig, an das Schicksal von Flüchtlingen und Vertriebenen nach 1945 zu erinnern, sofern es sich um Deutsche handelte. Das wirkte »revanchistisch«.

Zugegeben, das brachte eine Einebnung des Meinungsspektrums mit sich. Es führte zum Abwandern gewisser Themen in den Untergrund, wo sie von Leuten gepflegt werden, mit denen man nicht gern gesehen wird. Damit waren sie tabu. Zensur, um Himmels willen, ist das natürlich nicht! Es läuft nur auf das Gleiche hinaus.

Angela Merkel aber hatte eine geistig-kulturelle Wende versprochen. Sie schätze klare Worte und die offene Debatte, hatte sie ein ums andere Mal versichert. Und vielleicht kannte sie die westdeutschen Sensibilitäten nicht in allen Einzelheiten. Die Lebenslügen im Herrschaftsbereich der Sowjetunion aber kannte sie bestens. Ihre Devise: »Ohne Freiheit ist alles nichts.«

Und dann das: die Debatte um ein Buch, das, als der Streit darum losging, noch kaum einer gelesen hatte. Auch Angela Merkel nicht. Aber sie wusste als geübte Hellseherin gleich, was von Thilo Sarrazins Streitschrift zu halten war: »Überhaupt nicht hilfreich.«

Müssen Bücher hilfreich sein? Gewiss, in der DDR hatte Literatur systemkonforme Gedanken zu verbreiten, sonst unterlag sie der Zensur. In der Bundesrepublik wiederum glaubten viele Schriftsteller, sie müssten sich zu Systemkritik selbstverpflichten, was der Literatur nicht diente, aber drüben im real existierenden Sozialismus der DDR gefiel. Von einem Bundeskanzler aber hätten sie sich nicht in die Pflicht nehmen lassen, nur »hilfreiche« Bücher zu schreiben.

Und nun erlaubte sich die Kanzlerin ein Urteil über Wert oder Unwert eines Buchs – wogegen übrigens kaum ein Autor protestierte. Wollte sie mit ihrem Urteil die Opposition beschämen – schließlich ist Thilo Sarrazin Sozialdemokrat? War sie falsch beraten – von jenen, die in ihrem Auftrag die Zeitungen lesen? Oder war die Auskunftsquelle trüb, maßten sich die Medien etwas an, was ihnen nicht zustand?

Das Buch von Thilo Sarrazin hatte Angela Merkel auch drei Wochen später nicht gelesen, jedoch immer noch ein klares Urteil. Andere hielten es ähnlich, so konnte man sich die mühselige Lektüre von über vierhundert Seiten mit jeder Menge Zahlen, Statistiken, Fußnoten sparen. Hitlers *Mein Kampf* müsse man doch auch nicht lesen, meinten einige Zeitgenossen, die offenbar per Osmose wussten, wes Geistes Kind der Buchautor war. (Man hätte Hitlers Werk wohl besser rechtzeitig gelesen. Aber das steht auf einem anderen Blatt.)

Die Kanzlerin stand also an der Spitze der Bewegung und machte vor, wie man den Stab über etwas bricht, das man nicht kennt. Das stellte sich als stilbildend heraus.

Politiker und Meinungshabende stürzten sich als selbstgewisse Ankläger auf Thilo Sarrazin. Fernsehmoderatoren gerierten sich als heilige Inquisition, die den Mob auf den Häretiker losließ. Viele beteiligten sich an diesem Spiel; steiler konnte eine Vorlage ja gar nicht ausfallen. Das öffentliche Ketzerspektakel entlarvte jedoch am Ende weniger den Angeklagten, sondern offenbarte den geistigen Zuschnitt der Meinungsbesitzer: selbstgerecht und dumm.

Und so tummelten sich in der Medienöffentlichkeit gefühlsstarke Betroffenheitsdarsteller, die der »Kälte« der Verhältnisse und den blutleeren Sachen und Fakten ihre »Menschlichkeit« entgegenhielten.

Nichts schienen sie abscheulicher zu finden als die Tatsache, dass Thilo Sarrazin mit Zahlen und Fakten operierte. Gewalt sei das, es reduziere »Menschen zu Zahlen«, weshalb es gelte, »ein Leben« gegen die Statistik zu setzen – Michel Friedman.[8] Renate Künast beschimpfte Thilo Sarrazin als »zahlengläubig«, »gefühlskalt« und »menschlich schäbig«. Aygül Özkan schließlich, muslimische Ministerin aus Niedersachsen[9], betonte stolz, dass sie keine Statistiken und keine Analyse brauche, sie kenne ja die Migranten.

Gewiss. Man gebe die objektive Analyse auf und verlasse sich auf die eigene Erfahrung. Wie viel einfacher wäre dann die Welt! Wenn Realität das ist, was gute Menschen fühlen, vereint sich das ganze Land zu einer kuscheligen Selbsterfahrungsgruppe, und alle haben sich lieb. Zahlen und Daten? Teufelszeug!

Und so etwas machte Angela Merkel mit, eine Physikerin, die rechnen kann? In einem Land, das auf seine Ingenieurskunst stolz ist?

Das Publikum machte es jedenfalls nicht mit.[10] Bereits in der ersten Woche erregter Diskussionen zeigte sich, dass »die Menschen draußen im Lande« nicht alle mit im Wärmestrom planschen wollten. Meinungsumfragen ließen erkennen, dass man das Abstrafen Sarrazins nicht als nötige politische Hygiene akzeptierte, sondern für die gewohnheitsmäßige Realitätsverweigerung der politischen Klasse hielt. Und von der hatte man die Nase voll.

Online-Zeitungen schlossen die Kommentarfunktion schon nach kürzester Frist, weil der Briefkasten überlief. Die Parteizentralen von SPD und CDU wurden von Protestmails und -briefen bestürmt, die das Unerhörte bezeugten: Was sonst immer klappte, funktionierte diesmal nicht. »Die Basis« mochte sich nicht mehr vorschreiben lassen, was sie zu denken hatte.

Ja, die politische Klasse hatte »ein Problem mit der Meinungsfreiheit« (Frank Schirrmacher).[11] Doch diesmal gelang es ihr nicht, einen politisch Unkorrekten zu isolieren.

Angela Merkel waren die Thesen Thilo Sarrazins nicht fremd, im Gegenteil. Sie hatte das eine oder andere so oder so ähnlich ebenfalls schon gesagt, in einer ihrer mutigeren Parteitagsreden etwa. Weshalb gab sie Sarrazin nun »zum Abschuss frei«, wie es in der Welt von Politik und Medien heißt? Weshalb beschädigte sie dabei gleich noch, neben der Deutschen Bundesbank, das eigene Amt – und ließ den frischgewählten Bundespräsidenten Christian Wulff wie ihren Erfüllungsgehilfen aussehen?

Die Mitglieder im Vorstand der Bundesbank werden auf Vorschlag von Bundesregierung und Bundesrat vom Bundespräsidenten bestellt. Darüber hinaus ist die Bundesbank nicht weisungsgebunden und ihr Vorstand eine unabhängige Institution, deren Mitglieder nicht willkürlich ihres Amtes enthoben werden dürfen.[12]

Die Bundeskanzlerin aber ließ verlauten, sie erwarte, dass sich der Vorstand über sein Mitglied Thilo Sarrazin Gedanken mache. Was sollte das heißen? Und wieso empfahl Angela Merkel solches auch noch öffentlich? Verursachte Thilo Sarrazin einen nationalen Notstand, oder wozu diente der Hinweis, dass die Bundesbank ein deutsches »Aushängeschild« sei?

In das gleiche Horn blies der Bundespräsident. Der Bundesbankvorstand könne »schon einiges tun«, ließ er verlauten, »damit die Diskussion Deutschland nicht schadet – vor allem auch international«.[13] Wer wollte solcher

Aufforderung widerstehen, zumal der Bundespräsident die Institution ist, die einen vom Vorstand gefassten Beschluss erst sanktionieren muss?

Also aufgefordert, beantragte der Bundesbankvorstand die Demission des Thilo Sarrazin. Um Schaden vom Lande abzuwenden, nehme ich an.

Die Kanzlerin erwies sich als dankbar und lobte die »völlig unabhängige« Entscheidung der doch soeben vor aller Augen politisch in die Pflicht genommenen Bundesbanker. Sollte das ein Scherz sein?

Die Verhandlungen mit dem Anwalt Thilo Sarrazins über die Art seiner Demission führte das Bundespräsidialamt. Auch das erstaunlich und unüblich. Sarrazin entschloss sich schließlich zum freiwilligen Rückzug aus dem Amt, obwohl er gewiss eine gute Chance gehabt hätte, ein Verfahren zu gewinnen. Der Spötter nannte das einen Akt staatsbürgerlicher Verantwortung. »Wäre ich stur geblieben, hätte das den Bundespräsidenten – weil er sich so weit vorgewagt hatte – und das Staatsamt beschädigt.« Er wolle »niemanden in eine ausweglose Situation treiben«.[14]

Wer das Land also vor Schaden bewahrte, waren nicht Kanzlerin und Präsident, sondern der angebliche Nestbeschmutzer Thilo Sarrazin. Angela Merkel und Christian Wulff aber hatten ihren Ämtern, zwei der drei höchsten im Lande, gewaltige Kollateralschäden zugefügt.

»International« wird die Affäre Sarrazin nicht positiv zum Ruf unseres Landes beigetragen haben. Jedenfalls nicht in jenen Ländern, in denen man die Freiheit verteidigt, auch unerwünschte Meinungen äußern zu dürfen, und standhaft bleibt, wenn andere mit Gewalt drohen, weil sie glauben, dadurch beleidigt worden zu sein. Diejenigen, die von Meinungsfreiheit eh nichts halten und zuvor schon Deutschland und die Deutschen nicht respektiert hatten, taten es jetzt erst recht nicht.

Was trieb Angela Merkel zu dieser Arroganz der Macht, die Frau, die Meinungsfreiheit schätzen gelernt hatte, weil sie in der DDR eben nicht selbstverständlich war? Die Kanzlerin, die mitten im Sarrazin-Streit mit den Worten »Das Geheimnis der Freiheit ist der Mut« Kurt Westergaard auszeichnete, einen dänischen Zeichner, der mit einer Karikatur des Propheten Mohammed den Zorn gewalttätiger Muslime auf sich gezogen hatte?

Es war wohl nur der heftigen Reaktion der Bürger auf die weitgehende Selbstgleichschaltung der meinungsbildenden Klasse zu verdanken, dass die politische Elite einzulenken begann.[15] Plötzlich waren sie alle einer Meinung: Ja, man müsse endlich über das »Megathema der nächsten Jahre« diskutieren! Und das wäre? »Integration.« Ach so.

Wenn es zu Einsicht nicht reicht, hilft zur Not auch Opportunismus. Was zuvor noch als »unmenschlich« zurückgewiesen wurde, forderte man plötzlich selbst. Eben noch schimpfte man auf Sarrazin, jetzt warf man sich in die Brust und inszenierte sich als noch schärferen Sarrazin, forderte »härtere Strafen« für Integrationsunwillige und drohte mit Ausweisung. Doch das allgemeine Zurückrudern machte die Sache nicht besser. »Die Menschen da draußen« fanden es offenbar keineswegs vertrauenerweckend, wie forsch die politische Klasse sich wendete, sobald sie Widerstand spürte. Sie hatten das Spiel durchschaut.

Das Spiel heißt »Menschlichkeit« gegen »soziale Kälte«. Tatsächlich ist der Zauberspruch »soziale Wärme gegen soziale Kälte« eine reine Wahlkampfparole, ist der Standardvorwurf »kalte Berechnung«, wenn es ausnahmsweise mal sachlich zugeht, eine schlichte Denunziation. Die SPD-Strategen hatten gegen den Pragmatismus, mit dem Angela Merkel die »neue Mitte« gewinnen wollte, einst das »Projekt Wärmestrom« entwickelt.[16] Denn das kam bislang immer an. Nur diesmal nicht.

Ich habe mich damals mit zwei Kommentaren zu Wort gemeldet, einer wurde von DeutschlandRadio gesendet, der andere in der »Welt am Sonntag« abgedruckt.[17] Ich habe noch nie im Leben derart viele Leserzuschriften, Mails und Briefe erhalten. Den wenigsten ging es dabei um integrationsunwillige Migranten oder Muslime und wie man mit ihnen umzugehen habe. Und nirgendwo war jener Hass zu spüren, der den »islamophoben« Deutschen allenthalben angedichtet wird.

Die meisten störten sich ebenso wie ich an der Verteufelung »kalter« Zahlen und am mangelnden Respekt vor der Meinungsfreiheit. Und an einem Meinungskartell, das die Wirklichkeit zu verdrängen pflegt – zugunsten bunter Multikultischwärmerei oder moralinsaurer Bußpredigten wider den hässlichen Deutschen.

Viele finden einfach nur evident, was Thilo Sarrazin

schreibt und Angela Merkel zu sagen pflegte, bevor sie Kanzlerin wurde: Multikulti funktioniert nicht. Zuwanderung in die Sicherungssysteme ist nicht im Interesse des Landes. Die Leitkultur ist deutsch.[18] Die Bürger wissen das. Die meisten »mit Migrationshintergrund« wissen das auch. Die Oppositionsparteien wissen das. Angela Merkel weiß das. Sie hat es oft genug gesagt.

Doch was Angie vielleicht noch gemerkt hätte, war Tina entgangen: Sie hatte nicht mitgekriegt, wie die Stimmung »draußen im Lande« ist – typisch mittlerweile für das Verhältnis von politischer Klasse und Bevölkerung.

Denn die Debatte über Sarrazin und sein Buch zeugte nicht so sehr vom mangelnden Respekt der Bürger anderen gegenüber. Umgekehrt: Die Meinungshabenden ließen keinen Respekt vor den Bürgern erkennen.

Sicher, Sarrazins Buch kann man lesen als eine Philippika »gegen« – etwa gegen integrationsunwillige Migranten und eine (deutsche) Unterschicht, die Hartz IV als Lebensstil und Deutschland als Beutegesellschaft sehen. Man kann es jedoch ebenso gut lesen als ein Manifest »für« – für das arme Schwein vom Dienst, den gemeinen Steuerzahler. Und der, längst in der Minderheit hierzulande, hat womöglich einen ganz bescheidenen Wunsch: Wenn er schon permanent zur Kasse gebeten wird, dann will er dafür nicht auch noch beschimpft und verleumdet werden. Er will endlich einmal für seine Geberqualitäten »politisch, sozial und kulturell gewürdigt« werden.[19]

Denn einer kommt nie gut weg in öffentlichen Debatten: der Steuerbürger, der Leistungsträger, kein Opfer, sondern ein Täter, den man im Namen der »sozialen Gerechtigkeit« zur Solikasse bittet und, sollte er mal aufmucken, als kaltherzigen Egoisten oder als hässlichen Deutschen kujoniert – gern auch als »dumpf rechts«, das haben die Deutschen ja in den Genen.

Und deshalb wirkte die Aussage des Bundespräsidenten von Angela Merkels Gnaden, Christan Wulff, auch »der Islam« gehöre zu Deutschland, nicht nur weltfremd, sondern auch herzlich überflüssig. Deutsche gehören zu Deutschland, egal, was sie glauben, natürlich auch Muslime. Aber keine Religion als ganze – und schon gar nicht eine, die sich nicht als Religion, sondern als umfassende Lebensführung inklusive Rechtssystem versteht.

Vor allem aber klangen Wulffs mahnende Plattitüden ganz so, als ob der oberste Repräsentant Deutschlands das Fremde in Schutz nehmen müsste gegen die deutschen Ureinwohner. Denen kann man ja bekanntlich nicht trauen. Sind die nicht alle irgendwie lupenreine Rassisten – oder wenigstens »islamophob«, wie man heute sagt?

Der wissenschaftliche Nachweis dafür ist bereits erbracht: Das »Feindbild Islam«, heißt es neuerdings, sei so etwas wie der moderne Antisemitismus.[20] Damit hat man die Deutschen an ihrer Achillesferse getroffen – aber wahrscheinlich ist auch die in Wirklichkeit ein teuflischer Pferdefuß.

Der Vorwurf der »Islamophobie« stammt aus dem Propagandaarsenal iranischer Fundamentalisten, die Ende der 70er-Jahre den Islam gegen Kritik unangreifbar machen wollten, um all jene Muslime zum Schweigen zu bringen, die den Koran infrage stellen und das Recht wahrnehmen möchten, einer Religion auch abschwören zu dürfen. Die Bereitschaft, mit der man in deutschen Feuilletons diesen Vorwurf aufgreift, verwundert – oder auch nicht. Manch einer hat sich bei dieser Neuerfindung eines Meinungsdelikts womöglich an das Vorgehen der Sowjetunion gegen die »Feinde des Volkes« erinnert.[21] Und manch anderer sieht seine historische Aufgabe in der beständigen Entlarvung des Deutschen. Heute im Angebot: der islamophobe Wutbürger.

Doch merkwürdig: Noch brennen keine Fahnen, werden keine Drohungen ausgestoßen oder Todesurteile verhängt. Der hässliche Deutsche verhält sich ruhig und zahlt weiter seine Steuern. Er ist ja auch bloß eine Projektion.

Er existiert vor allem deshalb, weil Deutschlands Elite gern vor ihm warnt. Das gilt als mutig und hat den schönen Nebeneffekt, dass der von oben präventiv gezüchtigte Bürger sich gar nicht erst traut, wütend zu werden, und lieber den Kopf einzieht. Und still hofft, dass nicht alle Welt glaubt, was seine Repräsentanten erzählen: Dass unter dem dünnen Firnis des freundlichen Fußballweltmeisterschaftsfans der hässliche Deutsche lauere.

Ich finde, liebe Frau Merkel, lieber Herr Wulff, dass es diese Sorte übler Nachrede ist, die Deutschland schadet. Nicht ein umstrittenes Buch. Deutschland fehlt Respekt – Selbstrespekt. Und den Steuerbürgern der Stolz auf ihre Geberqualitäten.

Der Bürger in Zeiten des Internets hat schon längst nicht mehr das fabelhaft kurze Gedächtnis, das Politiker sonst an ihm schätzten. Vielleicht hat er also präsent, was Angela Merkel sagte, bevor sie Kanzlerin wurde? 2003 sprach sie auf dem CDU-Parteitag in Leipzig von der nötigen »Steuerung und Begrenzung von Zuwanderung«. 2004, in Düsseldorf, erklärte sie Multikulti für gescheitert und empfahl eine deutsche »Leitkultur« – man müsse die Realität wahrnehmen und sich von Lebenslügen trennen.

Die linke Lebenslüge: die lustige, »bunte« Multikultirepublik, ein albernes Wort, das neuerdings auch Bundespräsident Wulff gefällt. Die konservative Lebenslüge: ein irgendwie »autochthones« Deutschland, das kein Einwanderungsland ist, weshalb man sich um die unbestreitbaren Fakten auch keinen Kopf machen muss.

Man muss aber. Und man darf auch.

Deutschland ist ein Land, das bereits mehr als eine gewaltige Integrationsleistung vollbracht hat: von 1945 bis 1950 strömten acht Millionen Flüchtlinge und Vertriebene in den Westen des Landes und knapp vier Millionen in die spätere DDR. Die gemeinsame »Identität« als Deutsche verminderte zunächst keineswegs das beiderseitige Gefühl völliger Fremdheit.[22]

Während man in der DDR den Kontakt zwischen der Bevölkerung und den russischen Besatzern nicht wünschte, ebenso wenig den mit den Vietnamesen oder Mosambikanern, die man bei den sozialistischen Brudervölkern dienstverpflichtet hatte, war man in der Bundesrepublik nicht nur italienische Gastarbeiter, sondern auch schwarze Besatzungssoldaten und japanische Geschäftsleute gewohnt. Nicht zuletzt die vielen »Dissidenten«, Flüchtlinge aus dem sowjetischen Machtbereich – etwa Rumäniendeutsche wie die Nobelpreisträgerin Herta Müller. Überdies hatte Westdeutschland eine ausgesprochen großzügige Asylgesetzgebung. Und nicht zuletzt die Wiedervereinigung hat gezeigt, dass man in Deutschland Herausforderungen annimmt und bewältigt. Die vielen Russlanddeutschen sind dabei nicht das geringste Problem.

Fremdenhass gibt es, aber er bestimmt hierzulande nicht das Leben. Auch rechtsradikale Gewalt gegen Ausländer nicht. Sonst wäre Deutschland wohl kaum ein so begehrtes Zuzugsziel: Nicht nur, weil es in sein Sozialsystem einlädt, sondern weil es einen verlässlichen Rechtsstaat, funktionierende Institutionen und eine weitgehend gewaltfreie Öffentlichkeit bietet.

Ich erinnere mich noch gut an den jungen Kurden, den ich interviewte, nachdem einheimische Jugendliche eines kleinen süddeutschen Dorfs Steine aufs Asylantenheim geworfen hatte. Der konnte sich die ganze Aufregung nicht erklären. Er war vor weit schlimmeren Verhältnissen nach Deutschland geflohen – und dankbar für die Aufnahme, die er hier fand.

Warum also fühlen sich sonst ziemlich ausgeruhte Deutsche neuerdings von »integrationsunwilligen Menschen mit Migrationshintergrund« provoziert? Von einer muslimischen Minderheit, einer Minderheit auch der Muslime, also keineswegs repräsentativ für die muslimische oder türkische Community insgesamt?

Weil diese Minderheit die deutsche Achillesferse kennt. Ein vom Islam und dessen Geringschätzung der Ungläubigen geprägtes Überlegenheitsgefühl paart sich mit der ziemlich präzisen Kenntnis der Schwachstellen im leicht erschütterbaren deutschen Selbstbild. In Deutschland ist man durch den Vorwurf der Ausländerfeindlichkeit und des Rassismus erpressbar, und das nutzen viele der kleinen und großen Machos, die jede Kritik an ihnen und ihrem Auftreten als »faschistisch« zurückweisen. Oder die Vorzeigemuslimas, die über die Charakterschwächen der Deutschen gern, über die schwarzen Schafe der »eigenen Familie« aber gar nicht reden.

Schön, dass sich die Kanzlerin vor alle womöglich gekränkten und beleidigten Muslime stellt, auch wenn sich dort die am stärksten beleidigt geben, die gar nicht das Problem und also auch nicht gemeint sind. Doch dürfen die anderen etwa nicht beleidigt sein? Die Eltern, die es unschön finden, wenn ihre Kinder von kleinen muslimischen Rüpeln als »Schweinefresser« oder »Schlampen« verhöhnt werden? Die Frauen, die erleben, dass wir dank allgemeiner Toleranz für die kulturellen Eigenheiten muslimischer Männer in Deutschland wieder ein schlagkräftiges Patriarchat haben?

Wer als Teil einer »Beutegesellschaft«[23] betrachtet wird, darf sich auch missbraucht vorkommen.

Die Warnung vor »Islamophobie« und die Zurschaustellung der eigenen weltumarmenden Toleranz wirkt, mit Verlaub, wie ein Ablenkungsmanöver. Wie die übliche Wärmekampagne, diese Nebelwand gegen eine schnörkellose

Wahrnehmung der Wirklichkeit. Wer rechnet, wie einst Angela Merkel, kommt zu einem ziemlich klaren Ergebnis. Wenn eine Politik der falschen Anreize dafür sorgt, dass Arbeit sich nicht lohnt und dass die Einwanderung in die sozialen Systeme attraktiv bleibt, wenn Wahlgeschenke als soziale Wohltaten verkauft werden, wenn alle Indikatoren zeigen, dass man von der immer schmaler werdenden Substanz lebt – wenn das alles zutrifft, entsteht das, was man »Politikverdrossenheit« nennt.

Angie hatte das einst begriffen. Tina will davon nichts wissen.

Nein, man muss nicht die Reichsschrifttumskammer (Henryk M. Broder) oder den »Volksgerichtshof der öffentlichen Meinung« (Jacques Schuster) bemühen, um Angela Merkels Stil im Fall Sarrazin bedenklich zu finden. Doch eines glaube mittlerweile auch ich: Erich Honecker hätte das gefallen.

1 Siehe »Spiegel«, 30.5.2005.
2 Die erste Hilfestellung war Schröders Entscheidung für Neuwahlen.
3 Berthold Kohler, »Frau Merkels neue Wärme«, »FAZ«, 16.11.2010.
4 Angela Merkel, Grundsatzrede am 1.10.2003 vor der Konrad-Adenauer-Stiftung.
5 Thilo Sarrazin, *Deutschland schafft sich ab. Wie wir unser Land aufs Spiel setzen*, München 2010, verkaufte Auflage 2010: 1,2 Millionen Exemplare.
6 Eines der umstrittenen Zitate zur Erinnerung: »Ich muss niemanden anerkennen, der vom Staat lebt, diesen Staat ablehnt, für die Ausbildung seiner Kinder nicht vernünftig sorgt und ständig neue kleine Kopftuchmädchen produziert«, in: »Lettre International«, Oktober 2009
7 »Welt«, 7.4.2010.
8 Michel Friedman in der Sendung »Hart aber fair« vom 1.9.2010.
9 Aygül Özkan offenbarte mit ihrer Forderung nach »kultursensibler Sprache« bei Journalisten ein wenig sensibles Verhältnis zur Pressefreiheit.
10 Einige unabhängige Köpfe in »FAZ« und »Welt« auch nicht.
11 »Wenn das nicht als Warnschuss in die Geschichte eingeht, dann gab es keine Warnschüsse seit der Kanonade von Valmy.« »Frau Merkel sagt, es ist alles gesagt«, in: »FAZ«, 20.9.2010.
12 »(1) Funktionale Unabhängigkeit bedeutet Entscheidungsfreiheit einer Notenbank hinsichtlich ihrer Wahl der Strategie und Methoden, mit denen sie ihren gesetzlichen Auf-

trag erfüllen möchte. (2) Institutionelle Unabhängigkeit ist dann gesichert, wenn eine Zentralbank in der Ausübung ihrer Befugnisse frei von Weisungen anderer öffentlicher Stellen, vor allem der Regierungen, ist. (3) Finanzielle Unabhängigkeit meint die Freiheit einer Notenbank im Umgang mit ihren finanziellen Mitteln im Rahmen ihrer gesetzlichen Verwendungsmöglichkeiten. (4) Personelle Unabhängigkeit bezieht sich auf das Auswahlverfahren und die Freiheit in der Amtsausübung der Personen, die die Leitungsorgane einer Zentralbank besetzen. Die Organmitglieder des ESZB sind durch ihre mehrjährige Amtszeit sowie ihren Schutz vor willkürlicher, vorzeitiger Amtsenthebung weitgehend unabhängig.« Internetseite der Bundesbank.

13 »Ich glaube, dass jetzt der Vorstand der Deutschen Bundesbank schon einiges tun kann, damit die Diskussion Deutschland nicht schadet – vor allem auch international«, sagte Wulff dem Nachrichtensender N24 am 1.9.2010.

14 »Bild-Zeitung«, vom 15.9.2010.

15 Die Zuschauerabstimmung bei »Hart aber fair« ergab 84 Prozent Zustimmung – für Sarrazin.

16 Evelyn Roll, *Die Kanzlerin. Angela Merkels Weg zur Macht*, Berlin, 3. Auflage 2009, S. 235.

17 DeutschlandRadio Berlin, »Von Zahlenmenschen und Gefühlsspezialisten«, Politisches Feuilleton, 3.9.2010; »Welt am Sonntag«, 5.9.2010.

18 CDU-Parteitag 2003 und 2004.

19 Peter Sloterdijk, »Aufbruch der Leistungsträger«, »Cicero«, November 2009.

20 Wolfgang Benz, »Hetzer mit Parallelen«, »Süddeutsche Zeitung«, 4.1.2010. Siehe auch Henryk M. Broder, »Sind Muslime die Juden von heute?«, »Welt«, 13.1.2010.

21 Pascal Bruckner, *Die Erfindung der Islamophobie*, übersetzt von Thierry Chervel, »Perlentaucher«, 13.12.2010

22 Andreas Kossert, *Kalte Heimat. Die Geschichte der deutschen Vertriebenen nach 1945*, Berlin 2008.

23 Aus einem Bericht der GEW Berlin, http://www.gew-berlin.de/blz/19635.htm

KAPITEL 2

Vom Aufbruch zum Stillstand

Ja, ich habe mich geirrt in Angela Merkel. Und ich war nicht die Einzige. Wenn man an die teils euphorischen Willkommensgrüße aus dem Jahr 2005 denkt, dann wurde sie als Kandidatin der gesellschaftlichen Mitte wahrgenommen, die sich nach langen Jahren erstmals wieder ernst genommen fühlte.

Das Selbstbild, das Politik und Meinungsmainstream den Deutschen zurückspiegeln, hat ein gähnendes Loch – in der Mitte, von der doch alle reden. Dort hocken nicht nur die oft beschriebenen Angstbürger, die sich vom Abstieg bedroht fühlen, sondern jede Menge intelligente Leute. Gebildete, produktive, kreative, weltläufige Menschen, die ihre Interpretation der Wirklichkeit für entschieden tauglicher halten als die der politischen Klasse.

Angies Konzept von 2005 – weniger Staat, mehr Selbstverantwortung, spürbare Reduzierung der Lohnnebenkosten – entsprach dem Selbstbewusstsein dieses Milieus. Tina mit dem diktatorischen »Es gibt keine Alternative« hingegen passt nicht zum Selbstbild von Menschen, die bei Problemen nach der Lösung suchen.

Die sind übrigens im Zweifelsfall keine kaltherzigen Egoisten, die den weniger Leistungsfähigen nicht helfen wollen. Sie durchschauen lediglich die »Randgruppenrhetorik« der anderen Parteien als Strategie der Machtsicherung. Deshalb passte Angela Merkel zu ihnen, als sie noch etwas ändern wollte und sich modern, liberal, freiheitsbewusst und ohne den bräsigen Antiamerikanismus des linken Milieus zeigte.

Angie tat gut. Sie hatte für einen historischen Moment aufscheinen lassen, welcher Glanz auf einem Gefüge liegen kann, das man in Westdeutschland jahrelang eher nörgelnd-gewohnheitsmäßig zur Kenntnis genommen hatte oder, mit protestantisch gefärbtem Masochismus, verachtete. Oder das man marxistisch hinterfragte, weil doch die *Idee* des Sozialismus so gut war, auch wenn es mit der Ausführung noch nicht ganz geklappt hatte.

Angela Merkel und andere »Ossis« konfrontierten den satten Westen mit einer unbefangenen Erwartungshaltung. Und was geschah? Der verleugnete sich. Im Westen sei keineswegs alles Gold, versicherte man den naiven Glückssuchern von drüben. Und in der DDR war doch auch nicht alles schlecht gewesen, oder?

Ja, im Westen Deutschlands liebte man Ostikonen wie Regine Hildebrandt, die die Frustrationsbereiten unter den Ostdeutschen unermüdlich mit ideologischer Nahrung versorgte und den verwöhnten Wessis gab, was die am liebsten hatten: die moralische Knute. Leute wie Angela Merkel übersah man da lieber. Ihre Begeisterung über die sich eröffnenden Möglichkeiten befremdete.

Im Nachhinein möchte man das als eine weitere unter den vielen vertanen Chancen beklagen. Gewiss, die einen überschätzten den Goldenen Westen, woraus Enttäuschung entstanden ist, die anderen nahmen seine Segnungen gleichgültig hin, was ähnlich wirkt. Dabei hätte der unbefangene Blick 1989 auch seinen Ureinwohnern ein Land gezeigt, das sich seines Wohlstands, seiner Freiheit, seiner Institutionen und Rechtsordnung nicht schämen musste und dessen Bewohner im Übrigen mehr als bereit waren, den Brüdern und Schwestern von ihren Segnungen abzugeben. Man hatte ja nicht aus Versehen jahrelang »Päckchen nach drüben« geschickt.

Den politischen Eliten aber schien das unheimlich zu sein, dieser vom Möglichkeitssinn geschärfte frische Blick auf die Bundesrepublik und auf ein neues Deutschland, vor dem nicht die europäischen Nachbarn, sondern vor allem die Deutschen selbst Angst zu haben schienen.

Während man im deutschen Westen vor sich selbst warnte, wollte Angela Merkel genau das – mitsamt Demokratie und Ökonomie. »Wenn sie von Marktwirtschaft spricht, sieht der alte Hut (...) wie neu aus und gar nicht einmal so unattraktiv«, schreibt Evelyn Roll in ihrer großartigen Merkel-Biografie.[1]

Sie sah, vermute ich mal, eine offene Gesellschaft und eine starke Wirtschaftsmacht, ein Land mit Leuten, mit denen man es aushalten konnte. Und stimmte das etwa nicht?

Gewiss, wenn man ideologisch unbefangen war, von außen kam und beweglicher war als die Westdeutschen. Mit Beweglichkeit aber waren viele Ostdeutsche gesegnet, sie hatten schließlich soeben einen Umsturz hinter sich, der ihnen Beine gemacht hatte.

Noch immer denke ich: Das war eines der größten Geschenke, das die Bewohner jener fünf Bundesländer ins neue Deutschland mitbrachten. Und es war zu unser aller Schaden, dass das Geschenk so wenig angenommen wurde: Der Wunsch und der Wille, Freiheit und Selbstbestimmung anzunehmen und sofort damit anzufangen.

Ich habe 1990 für wenige Monate in Schwerin gelebt und gearbeitet und der DDR bei ihrer Selbstauflösung zugesehen.[2] In diesem aufregenden Sommer war ich umgeben von Leuten, die in einem halben Jahr ungeheure Lernprozesse machten. Ich bezweifle, dass sich viele im schläfrigen Westen Ähnliches zugetraut hätten.

Die Luft prickelte, es herrschte Aufbruchstimmung. Und dann wurde aus Euphorie Resignation. Es bremsten, in dieser und jeder anderen Reihenfolge: die alten Kader, die schnell wieder in wichtigen Positionen waren, in denen sie andere behindern konnten. Die Rechtsunsicherheit, was das Eigentum an Grund und Boden betrifft – eine besonders tragische Angelegenheit, da es ja richtig war, dass man die neue Rechtsordnung nicht auf einer eklatanten Rechtsverletzung der DDR aufbauen konnte. Großmäulige Betrüger aus dem Westen, die sich im unwissenden Osten sanieren wollten. Besitzstandswahrer, wie die westdeutschen Gewerkschaften, die willige Arbeitskräfte aus der Noch-DDR fürchteten, die ihnen zu Billiglöhnen Konkurrenz machen könnten. Nicht der sozialen Gerechtigkeit, sondern den Interessen der Westdeutschen diente die Forderung nach weitgehender Angleichung der ostdeutschen Löhne an Westniveau. Für die im Osten war das einer der ersten Schritte in die Abhängigkeit. Der Segen, reiche Verwandte zu haben, zeigte seine Kehrseite.

Es wurden Fehler gemacht – manche aus Beschränktheit und Hochmut, aber viele verzeihliche. Wer hatte schon Übung in Sachen Vereinigung zweier verschiedener Wirtschafts- und Gesellschaftssysteme? Natürlich kollidierten Interessenlagen, gewiss hätte man vieles besser und anders machen können, sicher war einiges unvermeidlich.

Das Resultat aber war tieftraurig. In Windeseile sahen sich die Ostdeutschen wieder zu Opfern werden – erst der DDR, jetzt des »Anschlusses« an den Westen mit seinen gierigen Kapitalisten. Damit war allen gedient, den Westdeutschen mit ihrem Helfersyndrom, wo man Opfer möglichen Konkurrenten vorzog, und jenen Ossis, die an den gebenden und strafenden Staat gewohnt waren. Und ans Jammern darüber.

Es tat weh, den Aufbruch zum Stillstand kommen zu sehen.

Der Perspektivwechsel aber hatte gutgetan. Von der sich auflösenden DDR aus gesehen, präsentierte sich der Westen, als hätte man in all den Jahren in einer Art Kokon gelebt. Jedenfalls, seit man sich angewöhnt hatte, die Wiedervereinigung nicht nur für bedauerlicherweise unmöglich zu halten, was auf Realismus basierende Resignation gewesen wäre, sondern sie als gefährliche »Lebenslüge«, als »revanchistisch« und »friedensgefährdend« zurückzuweisen. Man hätte diesen Abschied von der Wiedervereinigung wohl besser als Verrat an den »Brüdern und Schwestern drüben« bezeichnen sollen, aber das kam niemandem in den Sinn außer ein paar »Revanchisten«. Es passte nicht zu der allgemeinen Entspannungsstimmung, zumal viele Westdeutsche glaubten, die Bewohner der DDR hätten irgendwie doch den besseren Teil gewählt. Bis zu ihrem Ende hatte die SED erfolgreich den Eindruck verbreiten können, in der DDR blühten die Landschaften eines sozialistischen Erfolgsmodells, und nur im Westen seien das Erbe der Nazidiktatur und ein aggressiver Nationalismus zu Hause. Den gab es dort allerdings weit weniger als im SED-Staat, wie wir heute wissen.

Die Generation im Westen, die von der Friedensbewegung geprägt war – eine weit mächtigere Strömung als 68ff. –, hatte in den Jahren des Kalten Kriegs Ursache und Wirkung verwechseln gelernt, hielt die deutsche Teilung für eine gerechte Strafe für Auschwitz (nicht für die Folge der Machtpolitik Stalins) und die Sowjetunion für eine Friedensmacht, die man nicht provozieren dürfe (ein bestechender Sieg sowjetischer Propaganda). »Während die Last des kommunistischen Feldversuchs jahrzehntelang auf dem Osten Deutschlands ruhte, palaverten die 68er im Westen beim temperierten Chianti von der deutschen Schuld und der Zweistaatlichkeit als Buße und notwendigem Friedensfaktor«, kommentierte die Bürgerrechtlerin Vera Lengsfeld bitter.[3]

Unter dem pazifistischen Credo »Nie wieder Krieg« verbarg sich die weniger schöne Tatsache, dass unsere weltpolitische Nische von anderen, von den westlichen Bündnispartnern, mit Waffengewalt und Drohpotenzial geschützt wurde. Während in der DDR die Tatsache der Blockkonfrontation alltäglich sichtbar war – die NVA war bis an die Zähne bewaffnet und bis zum Schluss in Alarmbereitschaft –, hielt man im Westen unter der alles erstickenden Drohung des Dritten Weltkriegs lieber still.

Als Heiner Geißler auf dem Höhepunkt der Friedensbewegung 1983 die provozierende Äußerung tat, dass der Pazifismus der 30er-Jahre »Auschwitz erst möglich gemacht« habe, war man in der Friedensbewegung hell empört. Gemeint war zwar die britische Appeasement-Politik, aber der Mangel an historischem Sinn der meist jungen Friedensfreunde ließ die Vorstellung nicht zu, dass der doch umstandslos gute Wunsch nach Frieden Hitler den Weg geebnet haben könnte. Ebenso heftig hatte man 1981 auf die Bemerkung des damaligen amerikanischen Außenministers Alexander Haig reagiert, es gebe »Wichtigeres als Frieden«. Ja, gewiss: zum Beispiel die Freiheit, für die polnische Arbeiter auf die Straße gingen und sich den sowjetischen Panzern entgegenstellten. Deutschen Politikern wie dem Sozialdemokraten Egon Bahr galt das als polnischer »Egoismus«, der die Sowjetunion belästige und damit den Status quo gefährde.

Das alles war 1989 noch nicht lange her und prägte das Selbstbild Westdeutschlands auch dann noch, als seine Bündnispartner von einem wieder souveränen und geeinten Deutschland erwarteten, dass es seine Stärke auch einsetze. Vor allem die Westdeutschen konnten nur schwer aus ihrer Haut.

Worauf will ich hinaus? Auf das Außerordentliche der historischen Situation, in der Angela Merkel die politische

Bühne betrat. Kaum einer hüben wie drüben hatte mit der Auflösung des sowjetischen Imperiums gerechnet. Und kaum jemand mit so einer Gestalt wie Angela Merkel.

Nichts, aber auch gar nichts sprach dafür, dass sie es einmal zur Bundeskanzlerin Deutschlands und damit zur mächtigsten Frau der Welt bringen würde. Für einen kurzen historischen Moment hatte man als Außenseiter mit gleich drei politikfernen Merkmalen – Frau, Ossi, Physikerin – sicher besonders gute Chancen. Ihr kontinuierlicher Aufstieg zur Macht im westlich dominierten vereinigten Deutschland aber war und bleibt unwahrscheinlich.

Angela Merkels Existenz in der DDR: trotz FDJ-Mitgliedschaft und Studienaufenthalt in Russland eher unauffällig.[4] Der Vater staatstragend, die Mutter weniger. Und Angela, dank Westverwandter, immer in Westklamotten. Sie war nicht glühend regimetreu, trotz FDJ-Mitgliedschaft, aber auch nicht ernsthaft regimekritisch. Sie gehörte nicht zu den Spitzen und wohl auch nicht zu den Spitzeln des Systems, aber ebenso wenig zu den Dissidenten, den Ausgestoßenen und Geächteten, den Gefährdeten und Verletzten. Sie riss keine Mauern nieder, war aber eine der Ersten, die durch die entstandene Lücke schlüpfte.[5] Sie nahm nur ihre Saunatasche mit, aber keinen ideologischen Ballast.[6]

Angela Merkel näherte sich nach der Wende 1989 eher beiläufig der Politik, wurde fast zufällig erst Pressesprecherin des Demokratischen Aufbruchs, dann stellvertretende Sprecherin des ersten und letzten frei gewählten Ministerpräsidenten der DDR Lothar de Maizière und war bereits im Januar 1991 Bundesministerin für Frauen unter Bundeskanzler Helmut Kohl. Der Rest der Geschichte ist bekannt.

Sie selbst sieht das sachlich: Sie habe nur die Möglichkeiten der neu gewonnenen Freiheit gezielt ergriffen, nicht mehr und nicht weniger. Sicher, das verlief nicht ohne männliche Förderer, von denen sie sich trennte, sobald sie nicht mehr nützten.[7] Und ihr kam entgegen, dass sie irgendwann die letzte Ostpolitikerin mit halbwegs sauberer Biografie war, die man noch vorzeigen konnte.

Dennoch bleibt ihre Karriere beispiellos.

Auf den Bildern von 1990 oder 1991 sieht man eine junge und etwas unbedarft wirkende Frau, wie man sie eher bei den Grünen vermutet hätte. Sie schien eine der typischen Gestalten aus der Bürgerrechtsbewegung der DDR zu sein, unglamourös und schlecht gekleidet. Und man musste fürchten, dass sie gleich die Klampfe hervorholen und zu singen beginnen würde.

Welch ein Irrtum. Sie pflegte keinen Dissidentenhabitus, sie war ja keine Dissidentin gewesen. Sie träumte nicht vom Dritten Weg oder einer besseren DDR und wäre wohl, anders als etwa Bärbel Bohley, nicht auf die Idee gekommen, Gerechtigkeit einem funktionierenden Rechtsstaat vorzuziehen. Sie gehörte schon mal gar nicht zu jenen Vorzeige-Ossis, mit denen man sich in den linksintellektuellen westdeutschen Salons einig war, dass Erich Honecker auch nicht viel schlimmer sei als Helmut Kohl. Erst recht gehörte sie nicht zu den alten Kadern, zu den Wendehälsen, den geschickten Profiteuren.

Angela Merkel wusste, was sie wollte, und zwar etwas, von dem die, die es bereits besaßen, gern abrieten. Sogar der Bundespräsident, der damals Richard von Weizsäcker hieß, warnte noch im Januar 1990 davor – vor »Siegesfeiern des westlichen Lebensmodells«.[8] Sie aber wollte genau das, dieses westliche Modell ohne Wenn und Aber, sie wollte Freiheit, Demokratie, Kapitalismus. Ganz ohne die in Westdeutschland zum guten Ton gehörende ironische Distanz (mit systemkritischem Einschlag) tat sie etwas Ungewöhnliches: Sie nahm das Versprechen des Westens ernst, das Menschenrecht, nach dem eigenen Glück zu streben.

Vielleicht hätten die westdeutschen Eliten damals öfter in diesen Spiegel schauen sollen, statt auf die Ostalgiker zu schielen, die sich als wahre Stimme der »Menschen der DDR« empfahlen. Vielleicht wäre die Wiedervereinigung dann eher eine für alle spürbare Erfolgsgeschichte geworden. Denn in der Feier – von Freiheit, Demokratie und Marktwirtschaft – verbarg sich ja nicht nur ein schnödes Überlegenheitsgefühl, hier lag auch die Chance für einen Neuanfang und eine Neubewertung der Vergangenheit.[9] Nicht nur die DDR-Bürger mussten sich von der trügerischen Sicherheit im Arbeiter- und Bauernstaat trennen. Auch in den kuscheligen Westen Deutschlands strömten durch den geöffneten »Eisernen Vorgang« die Fröste der Freiheit ein. Dort hatte man es sich lange in einer von anderen geschützten Nische der Weltpolitik gemütlich gemacht, soziale Sicherheit genossen und Freiheit für einen zusätzlichen, nicht weiter bemerkenswerten Bonus gehalten.

Warum nur bemühte sich die politische Elite, die Freude

möglichst zu dämpfen und vor allem den Westbürgern den Stolz auf Errungenes auszutreiben? Wollte man wirklich nur auf die Gefühle der armen Verwandten aus dem Osten Rücksicht nehmen? Oder konnte man sich nicht vorstellen, dass die Brüder und Schwestern mehr erhofften und mehr zu gewinnen hatten als Bananen und die D-Mark, was konsumkritische Feingeister ihnen alsbald vorhielten? War es so unvorstellbar, dass die Ossis die westlichen Errungenschaften, deren bisherige Nutznießer schon bei ihrer Erwähnung müde abwinkten, freudig begrüßen könnten? Oder wollte man die Steuerzahler durch ein bisschen Miesmacherei einstimmen auf die Kosten, die auf sie zukommen würden?

Angela Merkel erblickte ein Reich der Möglichkeiten, wo verwöhnte Wohlstandsbürger, denen die Maßstäbe abhanden gekommen waren, nur noch das Jammertal sehen wollten. Die fanden das natürlich naiv. Und so erfuhr sie früh, mit welch tapsigem Wohlwollen Männer im Westen Frauen zu unterschätzen pflegen – erst recht, wenn sie aus der DDR kamen. Als Ossi galt sie als naiv. Und als Frau hielt man sie für dumm genug, nicht mehr als die Marionette des großen Paten zu sein.

Helmut Kohls Bemühen um Frauen in Spitzenpositionen ausgerechnet in der konservativen CDU galt Oppositionspolitikern, die noch nicht so weit waren oder der Partei angehörten, die eine Frauenquote für ihr Alleinstellungsmerkmal hielt, als vorgeschoben. Die mit Ämtern betrauten Damen konnten ja nur Alibifiguren sein. Rita Süssmuth – ein bloßes Feigenblatt? Man unterschätzte die Person.

Noch leichter schien es, Angela Merkel zu unterschätzen. »Kohls Mädchen« wirkte mit ihrer freundlich-burschikosen, ja harmlosen Art in der Tat oft wie ein manipulierbares Geschöpf von seinen Gnaden, bis sie den angeschlagenen CDU-Vorsitzenden zum Jahresende 1999 ebenso beiläufig wie eindeutig erledigte.

Heute sieht es so aus, als ob sie dessen CDU gleich miterledigt hätte, mitsamt dem Marktliberalismus, den sie einst propagiert hat. Manch einer fühlt sich unter Muttis Fittichen wieder bei einer kapitalistisch aufgemotzten DDR angelangt.

Was hat sich geändert? »Angies« Unbefangenheit war ihre Stärke gewesen. Freiheit, Demokratie und das, was sie später »Wir-Gesellschaft« nannte, eine arg kuschelige Variante der »Neuen sozialen Marktwirtschaft«, waren nicht die schlechtesten Projekte.

»Tina« aber sind Unbefangenheit und Engagement spürbar abhandengekommen. Der Aufbruch ist versandet. Und ganz Deutschland liegt wieder unter der warmen Decke des beschützenden Staates. Heim zu Mutti.

Doch dahin wollten wir eigentlich nicht zurück, und schon gar nicht unter den Fittichen von Angela Merkel.

Von der Unterschätzten zum Racheengel

Ja, ich weiß, wer enttäuscht ist, hat sich getäuscht. Wer sich irrt, ist einer Projektion erlegen. Aber ich bleibe dabei: Bei Angela Merkels Sturz ist die Fallhöhe von Bedeutung. Sie hat sich gewandelt, sich immer wieder geschmeidig angepasst. Das nennen wir Opportunismus. Doch man kann es auch als eine Reihe von geschickten Schachzügen ansehen.

Sie wollte siegen. Und sie wollte Rache. Und dabei kam ihr sehr entgegen, dass sie stets unterschätzt wurde.

Wer sich Bilder von der Frauenministerin 1991 anschaut, sieht ein unscheinbares Mädel mit unvorteilhaftem Bubischnitt und leichtem Doppelkinn, das Helmut Kohl anhimmelt. Wer genauer hinsah – wie die Fotografin Herlinde Koelbl[10] –, sah sehr wache, sehr helle, sehr schöne Augen. Ungeschminkt.

Sie nahm noch nicht einmal Lippenstift, was man auch bei den frauenbewegten Grünen längst durfte, sie hasste das Aufgestylte. Aber sie hatte damals auch nichts Damenhaftes oder Mütterliches, wie es zum konservativen Image der CDU gepasst hätte. Als Fähnleinführerin einer Pfadfindertruppe war sie vorstellbar oder als tüchtige Leiterin einer Großküche. Vielleicht noch als Physikprofessorin. Aber als Frauenministerin?

Doch war das Bild vom hässlichen Entlein nicht vor allem eine Optik, die in den Bildredaktionen der Zeitungen zustande kam? Je nach Popularität wurde entweder die strahlende oder die griesgrämige Angela Merkel mit den hängenden Mundwinkeln gezeigt. Erst seit sich der Respekt vor dem Amt auch mit ihrer Person verbindet, dominieren die Bilder, in denen sie blitzende blaue Augen und ein offenes Lächeln zeigt. Gewiss, mittlerweile ist sie »gestylt«. Aber vielleicht hat man sich auch an sie gewöhnt.

Damals jedenfalls nahm sie niemand ernst. Auch nicht frauenbewegte Frauen, denn Angela Merkel zeigte sich völlig unempfänglich für den Kampf gegen das Patriarchat. In der DDR galten Frauen als emanzipiert, weil jeder arbeiten musste, auch die patenten Muttis. Ganz einfach.[11]

»Ich glaube, dass es der Mehrzahl der Frauen um sehr pragmatische Dinge geht«, erklärte sie, und kündigte den Rechtsanspruch auf einen Kindergartenplatz an, was ihre Kritiker prompt ans gemeinsame »Topfen« in den DDR-Tagesstätten gemahnte.[12] Zugleich schaffte sie den prominent besetzten »Beirat Frauenpolitik« ab, den ihre Vorgängerinnen einberufen hatten. Den darin repräsentierten westdeutschen Feminismus hielt sie offenbar für entbehrlich.

War ihre Berufung also womöglich die subtile Rache von Helmut Kohl an Rita Süssmuth und all den anderen aufs Frauenthema abonnierten Westpolitikerinnen gewesen? Dann muss man sie als gelungen bezeichnen. Angela Merkel strafte den Feminismus mit Verachtung, empfand die hart erkämpfte Frauenquote in ihrer Partei als »etwas

Degradierendes und Ehrenrühriges« und hielt ganz offenkundig den »professionellen Opfergestus der Emanzenbrigade für eine intellektuelle Zumutung«.[13]

Sie schien sich noch nicht einmal fürs eigene weibliche Schicksal sonderlich zu interessieren. »Ich glaube nicht, dass es ein Vorteil oder ein Nachteil ist, eine Frau zu sein. Es kommt mehr darauf an, dass man sich durchsetzt«, sagte Angela Merkel im Oktober 1991, kurz nachdem sie Frauenministerin geworden war.[14] Alle Welt bemühte sich fortan redlich, ihr ihren Irrtum nachzuweisen.[15]

Aber war es einer? Und hatte sie nicht womöglich recht mit ihrer späteren Vermutung, dass man sie weniger als Frau, sondern als unwissende Ostdeutsche diskriminierte? »Sie kann es nicht« bezog sich nicht nur auf »das Mädchen«, sondern auch auf die DDR-Pflanze. Ein Lehrgang in Demokratie war das Leben in der DDR ja wohl nicht gewesen, oder?

Irrtum. Angela Merkel hatte einen Lehrgang hinter sich, sie hatte Politik gelernt, im Schnellverfahren, nämlich in diesen magischen, zeitentrückten 181 Tagen zwischen dem 12. April und dem 3. Oktober 1990, als es in der DDR die erste und einzige frei gewählte Regierung gab. In diesen 181 Tagen tagte die Volkskammer neununddreißigmal, wurden 164 Gesetze und 93 Beschlüsse verabschiedet, hat man die DDR nach allen Regeln der Kunst abgewickelt. Und für diese enorme Leistung auf einem gänzlich fremden Terrain musste man sich aus dem Westen auch noch als »Laienspielschar« beschimpfen lassen.

Dabei dürften in dieser kurzen Zeit die demokratischen

Prozesse weit ehrlicher und durchsichtiger abgelaufen sein als im eingefahrenen System der Bundesrepublik und des vereinigten Deutschlands, wo mächtige Lobbys und parteitaktische Erwägungen dominieren und die »Sache« hinter allerlei sachfernen Rücksichten zu verschwinden droht.

Als stellvertretende Regierungssprecherin begleitete Angela Merkel den Ministerpräsidenten Lothar de Maizière überdies auf seinen Antrittsreisen unter anderem in Moskau, London und Paris. Solche Erfahrungen in so kurzer Zeit sammelt man nicht auf einer Ochsentour, vom Ortsverband aufwärts.

»Sie kann es nicht«? Männliche Überheblichkeit.

Andererseits fehlte es Angela Merkel ja tatsächlich an etwas. Sie hatte keine Hausmacht. Und sie hatte mächtige Gegner, nämlich alle aufstrebenden Männer ihrer eigenen Partei.

Die Männer vom »Andenpakt«. 1979 gegründet, 2010 gescheitert. An Angela Merkel. Fünfzehn gestandene Westpolitiker, darunter Roland Koch und Ole von Beust, Friedrich Merz und Christoph Böhr, Friedbert Pflüger und Christian Wulff. Sie alle haben sich heute entweder aus der Politik zurückgezogen oder sind von Angela Merkel mit einem Posten ruhiggestellt worden. Von einem Ostmädel, einem »historischen Unfall«, von »Mutti«.

Auch die Männer vom »Andenpakt« hatten sie unterschätzt, hielten sie für eine Übergangslösung, für eine, die gerade gut dafür war, nach dem Wahldesaster 1998 und der Spendenaffäre aufzuräumen und den nötigen Vatermord an Helmut Kohl zu begehen. In jenem berühmten Artikel in der »FAZ« vom Dezember 1999 empfahl sie ihrer Partei, sich »wie jemand in der Pubertät« von zu Hause zu lösen und eigene Wege zu gehen. So wie sie es tat. Damals bewies Angela Merkel im richtigen Moment Mut und nahm keine störenden Rücksichten. Sie war die Einzige, die das konnte, die Einzige, die nicht verstrickt und nicht belastet war.

Das war Frauenarbeit, wie man sie kannte. Frauen machen, wie gesagt, den Dreck weg. Sie räumen auf. Eben wie Angela Merkel, die ihrer Partei das Schicksal ersparte, angekettet am gestürzten Koloss Kohl elendiglich zugrunde zu gehen.

Doch damit hatte sie ihre Pflicht und Schuldigkeit getan, glaubten die Männer in der CDU und setzten für die Bundestagswahl 2002 nicht auf sie, sondern auf Edmund Stoiber. Es war Roland Koch, der sie im Januar 2002 anrief und ihr jede Unterstützung für eine Kanzlerkandidatur aufkündigte.

Merkel gewann, indem sie nachgab. In geheimer Mission flog sie nach München und reiste von da aus weiter zu Edmund Stoibers Haus in Wolfratshausen, zum Frühstück. Als Vorsitzende der CDU bot sie Stoiber die Kanzlerkandidatur an. Damit eroberte sie sich die Handlungshoheit zurück.

Ihrer fernöstlichen Kampftechnik – den Angreifer kommen lassen und seine Kraft gegen ihn selbst wenden – waren die Gegner erlegen. Der »Andenpakt« der einstmals Jungen Wilden: ein Film von gestern. Angela Merkel, der

»historische Unfall«, wurde für die CDU das, was sie heute zum Schlüsselwort ihrer Politik macht: alternativlos.

Angela Merkel hat sich gegen die Verachtung ihrer Gegner, die sie als »zweite Liga« abwerteten, und ihrer »Parteifreunde«, die sie »Oberschwester« titulierten, durchgesetzt. Sie hat sie alle überlebt. Sie hat sich gewandelt und gehäutet dabei. Aber ihr ist das Unmögliche gelungen: sich als Frau und als Ostdeutsche auf dem Affenfelsen der Macht zu behaupten.

Und einer war in diesem Kampf besonders wichtig: Gerhard Schröder. Die Reformerin Merkel – wollte sie sich nicht damit gegen Schröder profilieren? Der Agenda-2010-Schröder – wollte er damit nicht Merkel den Wind aus den Segeln nehmen? Und war Angela Merkels Imagewechsel zur weicheren, gestylten Frau nicht auch ein Versuch, den Vorwurf der Distanziertheit und der »sozialen Kälte« zu entkräften?

Man könnte in Versuchung kommen, ihren um 2002 beginnenden Imagewechsel als nicht nur taktisches Manöver, sondern als eine Strategie gegen Schröder zu lesen. Diese Strategie ist aufgegangen, wenn auch nur haarscharf.

Angela Merkel hat Gerhard Schröder mehr als einmal Rache geschworen für die Unverfrorenheit, mit der er sie als Umweltministerin bloßgestellt hatte. Nimmt man sie beim Wort bei dem, was sie Herlinde Koelbl gestand, die sie von 1991 bis 1998 Jahr für Jahr fotografiert und befragt hat, dann hat sich ihr Politikverständnis insbesondere durch die Kämpfernatur Schröder verändert.

1998, als sie Generalsekretärin der CDU geworden

war, sagte sie auf die Frage, was für sie lustvoll sei an der Macht: »Früher hätte ich gesagt: dass man Politik gestalten kann. Jetzt würde ich sagen: dass man anderen wieder etwas abjagt. Darauf, Schröder im übertragenen Sinn in die Ecke zu stellen, freue ich mich. Das ist so ein bisschen wie Schiffe-Versenken. Wenn ich einen Treffer lande, finde ich das unheimlich toll.«[16]

So viel Rachsucht? Und so viel Ehrlichkeit, das kindliche Vergnügen daran auch noch einzugestehen?

Nun, sie hat Schröder in die Ecke gestellt – mit allen Waffen, auch denen der Frau. Denn Angela Merkel war lange nach ihrer Zeit als Frauenministerin ein neues, mächtiges Bündnis eingegangen, nicht mit den Frauen, die ihr noch immer übel nahmen, dass sie den spezifischen westdeutschen Feminismus nicht verstand. Sondern mit den erfolgreichen, prominenten, den mächtigen Frauen der Bundesrepublik.

»Mehr für Merkel« hieß die Initiative, die im amerikanischen Stil Wahlkampf machte und auf Abendessen, bei Salons und Empfängen einflussreiche Menschen mit Angela Merkel zusammenbrachte. Viele der Gäste trugen hinterher einen schmucken Anstecker, mit dem sie sich zu Merkel bekannten: Ein strassbesetztes »V« für »Victress«, die Siegerin. Unter ihren prominenten Unterstützern waren Kristina Gräfin Pilati, immerhin Gattin des ehemaligen SPD-Vorsitzenden und Kanzlerkandidaten Rudolf »Bin Baden« Scharping, die Medienunternehmerinnen Friede Springer und Liz Mohn (Bertelsmann), Patricia Riekel, die Chefin der »Bunten«, und viele andere.

»Merkel gegen Schröder, das war für viele dieser Frauen weit mehr als ein Kampf von Parteien. Es war ein Kampf der Kulturen«, meint Merkels Biograf Hajo Schumacher.[17] Angela Merkel nahm endlich die strategischen Vorzüge der Frauenrolle an. Sie konnte sich als Gegenentwurf präsentieren, als Alternative zu den großmäuligen und eitlen Politikerdarstellern wie Schröder, Fischer und Lafontaine, deren man überdrüssig war.

Zwei Kulturen standen 2005 also zur Wahl. Und ich habe, wie viele andere auch, geglaubt, dass insbesondere die weiblichen Wähler den Kulturwandel wollten – und die stellen mit 52 Prozent immerhin die Mehrheit der Wahlberechtigten.

Viele Journalisten und die meisten Meinungsforscher sagten Angela Merkel einen strahlenden Sieg voraus. Man irrte sich. Das Wahlergebnis zeigte, dass sie ausgerechnet bei Frauen nicht ankam. Gerade einmal 35 Prozent aller Wählerinnen votierten in der Bundestagswahl für sie. Vor allem bei den 30- bis 44-jährigen Ostdeutschen zog Angie nicht. Deutlicher noch war die Ablehnung aufseiten der weniger qualifizierten Frauen.

Der Schluss kühl kalkulierender Wahlkampfstrategen leuchtet ein: Im Konfliktfall orientieren sich auch heute noch Frauen eher am auftrumpfenden Männchen denn an anderen Frauen, vor allem dann, wenn sie selbst sich schwach fühlen. Dann bevorzugen sie die breite Brust, die Schutz verspricht im Urwald des Lebens. Und verzeihen lieber einem Macht- und Medienmenschen wie Gerhard Schröder seine biergesättigte Frauenverachtung.

Doch dann war es gerade Angela Merkels Lieblingsfeind, dessen Machismo ihr den Weg bereitete. Sein legendärer Auftritt im Fernsehen, in der Elefantenrunde nach der Wahl, blamierte Gerhard Schröder bis auf die Knochen. »Suboptimal« nannte er zerknirscht sein Auftreten. Hinterher.

War das die List der Vernunft oder der Treppenwitz der Geschichte?

Heute tut Angela Merkel das, was die grüne Ulknudel Claudia Roth 2005 streng anmahnte: »Ich erwarte von einer Kanzlerin Angela Merkel, dass sie ihr Frausein nicht versteckt.« Es dauerte zwar noch ein wenig bis zum sagenhaften Busenwunder von Oslo. Aber mittlerweile scheint Angela Merkel sogar Spaß an der neuen Rolle zu haben. Denn auch damit kann man punkten. »Mehr drauf, mehr drin.«[18]

Szene: Die Koalitionsverhandlungen mit der SPD 2005. Stoiber hatte sich zu der Behauptung verstiegen, Merkel habe in einer Großen Koalition von fast gleich starken Partnern »kein klassisches Direktions- und Weisungsrecht«, eine Einschätzung, der Müntefering dankbar sekundierte: Alles andere wäre ja »nicht lebenswirklich«. Angela Merkel reagierte eine Woche später. Wie er denn die Sache mit der Richtlinienkompetenz gemeint habe, wurde Stoiber in einer Fraktionssitzung gefragt. Der blätterte verlegen in seinen Unterlagen. Endlich stand Merkel auf, blickte einen Moment auf Stoiber herab und sagte dann: »Ach, das mit der Richtlinienkompetenz ist im Grundgesetz festgehalten. Und das Grundgesetz gilt auch dann, wenn der Kanzler eine Frau ist.«[19]

Sie genießt ihre Rache kalt. Der Rest ist Spott und Ironie.

Merkels Neujahrsansprache zum Jahr der Fußballweltmeisterschaft in Deutschland: »Die Frauenfußball-Nationalmannschaft ist ja schon Weltmeister, und ich sehe keinen Grund, warum Männer nicht das Gleiche leisten können wie Frauen.«

Wunderbar. Da fand ich sie wieder klasse.

Ja, Angie hat es ihnen gezeigt, den Männern. Das kann nicht jede. Und ich gebe zu: Ich habe es genossen. Aber musste sie dafür Tina werden, die Alternativlose, die Frau mit dem Entscheidungsstau und der »neuen sozialen Wärme«?

Henry Kissinger sagte nach einem persönlichen Gespräch mit ihr: »Wir beobachten eine neue Leaderfigur, die auf ihrem Weg nach oben systematisch unterschätzt wurde und plötzlich als der perfekte Ausdruck ihrer Zeit erscheint.«

Das, finde ich, ist nicht nur ein Kompliment.

Von der Naturwissenschaftlerin zur Mutti

Je länger ich mich mit der Angela Merkel der frühen Jahre beschäftige, desto nostalgischer wird mir zumute. Was für ein seltener Vogel sie war! Wie erfrischend die Sturheit, mit der sie an ihrer äußeren Erscheinung festgehalten hat!

Zugegeben, seit sie um das Jahr 2002 herum begonnen hat, auch Frisur und Styling ernst zu nehmen, und erst recht, seit sie in Amt und Würden ist, macht sie mehr her. Für solch unverwechselbare Charaktere wie Golda Meir oder Madeleine Albright fehlen ihr Alter und Falten. Insofern spricht nichts dagegen, dass die Frisur sitzt und das Make-up ihre Vorzüge betont. Fotos und vor allem das Fernsehen sind grausame Medien, und niemandem ist anzuraten, sich ihnen ohne den Schutz eines guten Make-ups auszusetzen. »Maske« nennt man das bezeichnenderweise noch heute.

Auch sind ihre Repräsentanten dem Volk etwas schuldig: nämlich es angemessen zu vertreten. Insbesondere ihre außenpolitischen Auftritte haben Merkels Renommee gestärkt. Nicht nur, weil sie hervorragend Englisch und Russisch spricht, sondern weil sie würdig aussieht, wenn sie im langen schwarzen Mantel über den roten Teppich geht oder eine Ehrenformation abschreitet.

Und dennoch wünscht man sich, sie wäre länger jene Zumutung geblieben, die sie einmal war. Gerade ihre kühle Ausstrahlung unterschied sie von den anderen. Sie hatte den *semantic turn* der 80er-Jahre, den Betroffenheitskult, nicht mitbekommen – wie sollte sie auch: die »Politik in der 1. Person«, das Menscheln, den *human touch*. Und genau das tat mir und anderen gut.

Mit dem Siegeszug der Grünen und mit der gewachsenen gesellschaftlichen Akzeptanz von »68« sowie seiner mythischen Verklärung, mit der Welle der *political correctness*, die aus den USA herüberschwappte und Sprachregelungen zu einer Frage der Moral machte, hat sich die Sprache der Politik verändert.

Die Rede vom »Sachzwang«, von Pflicht, Verantwortung und Ordnung, überhaupt die Forderung nach Sachlichkeit in der Auseinandersetzung, nach Argumenten anstelle der Subjektivität und Zufälligkeit von Gefühlen, nach Regeln statt Relativismus ist längst passé. Politiker sollen, im Gegenteil, Gefühle haben und eben dadurch »glaubwürdig« sein, was uns Bataillone von Glaubwürdigkeitsdarstellern beschert hat. Die reden nicht von Pflicht und Dienst, sondern bekennen sich zu unbändiger »Lust« auf Politik.[20] Seither verschont uns kaum ein Politiker mit Geständnissen, was für ein Mensch er oder sie ist. Nicht was einer vorhat und was er macht, ist interessant, sondern wie er ist und was er fühlt.

Und deshalb darf ein moderner Politiker auch fehlbar sein, solange er »Mensch« dabei bleibt. Oder sagen wir besser, solange es nicht die Parteigenossen sind, die ihn mit ein paar gezielt gestreuten Gerüchten aus dem Geschäft drängen wollten.

In einer Mediengesellschaft werden pausenlos Geschichten erzählt. Geschichten sind radikal subjektiv, sie handeln vom »konkreten Menschen«, wie gern gesagt wird, und sollen Gefühle wecken. Meistens klappt das, oft wird daraus gefühlstriefende Propaganda.

Egal: Gefühle schaffen Aufmerksamkeit. Gefühle sind wahr und nicht zu widerlegen. Zahlen, Daten, Fakten dagegen sind kalt und gefühllos. Sie relativieren. Und sie machen Mühe. Sich zu seinen Gefühlen bekennen hingegen kostet höchstens ein klein wenig Überwindung, aber keine Fleißarbeit und schon gar keine Denkarbeit.

Geschichten, die Gefühle erzeugen, sind unschlagbar. Jeder im Meinungsbetrieb weiß das. Doch keine Geschichte, auch keine Vielzahl von Geschichten zeigt das ganze Bild. Denn dafür brauchen wir nun mal »objektive Tatsachen«, Zahlen und Vergleiche. Sie schaffen Distanz, ermöglichen den Überblick.

Den Propheten des Weltuntergangs gefällt das nicht, die ihre Vorhersagen am liebsten mit einem weinenden Kind drapieren. Das katastrophische Denken unserer Tage möchte die Distanz ausschalten. Das weinende Kind, das individuelle Schicksal erhebt sich über den Weg der Identifikation zum Menschheitsschicksal. *Story bias* nennt sich dieser Trick.

Identifikation ist das Schlüsselwort, nicht Mitgefühl oder gar Analyse. Das Publikum soll ja »betroffen« sein. Katastrophenberichterstattung führt uns deshalb ganz nah heran. Wir erfahren, wie es den Menschen in der unter Schneemassen zusammenbrechenden Eissporthalle erging, sofern es Überlebende gegeben hat. Andernfalls wird ihr Sterben nachempfunden. Später, viel später darf auch über die Statik des Hallendachs geredet werden.

Der nächste Schritt heißt dann: »Das geht uns alle an.« Dieser Satz dreht die Identifikationsschraube noch ein wenig weiter, er soll mit dem Gedanken »es hätte auch mich treffen können« die Herzen und das Portemonnaie öffnen. Identifikation schafft Solidarität oder wenigstens Problembewusstsein, glauben die Spezialisten des Sozialen.

Mich erinnert das immer wieder an eine der schönsten Formeln für die Geschlechterdifferenz, erfunden, wenn ich mich recht erinnere, von einem Mann: Blaumann oder Rotwein.

Der Mann zieht den Blaumann an, wenn es ein Problem gibt, und versucht, es zu lösen. Frauen aber möchten ihr Problem behalten, es drehen und wenden und sich bei einem Glas Rotwein trösten lassen. Von der Toskanafraktion zur Rotweinkultur.

Dass persönliche Betroffenheit nötig ist, um Solidarität zu erzeugen, ist im Grunde ein Schritt zurück. Das freie Individuum verdankt sich dem Abschied vom allzu Engen, der Familie, der Nachbarschaft – kurz: von allzu viel Identifikation. Niemand kann sich mit allen und jedem identifizieren. Oft sind diejenigen nicht die Sympathischsten, die Hilfe am dringendsten benötigen. Dass sie diese bekommen, ist der große Vorzug eines Systems, das absurderweise als abstrakt und kalt gilt. Denn es überantwortet niemanden an die überaus schwankenden subjektiven Gefühle seiner Mitmenschen, sondern, nach überprüfbaren Kriterien, an (meistens) verlässliche Institutionen. Die Menschen waren keineswegs besser dran, als sie die Rente noch nicht vom Staat bekamen, sondern auf das Erbarmen der Kinder und Kindeskinder angewiesen waren.

Verfahren und Institutionen brauchen Regeln und Zahlen. Auch soziale Wärme braucht Bilanzen.

Frauen möchten gern Probleme haben, Männer sie lösen, lautet das Vorurteil. Doch seit Sachlichkeit als »unmenschlich« gilt, haben auch viele gut sozialisierte Männer ihre Nüchternheit aufgegeben und zeigen Gefühl. Es gibt sie ja längst, die Feminisierung der Politik: Was sich gut verkaufen soll, hat »frauenaffin« zu sein, eines der hässlichsten Worte aus der Werbesprache. Dass damit womöglich eine Unterschätzung des geistigen Vermögens von Frauen einhergeht, steht auf einem anderen Blatt.

Der Story-Bias suggeriert, die Geschichte, die »betroffen« macht, stehe fürs Ganze. Sie entreißt dem Schicksal seine Beute, indem sie es hochrechnet. Ein Junge ertrinkt im Schwimmbad in Sebnitz, und alle haben dabei zugesehen, so lautete vor Jahren eine Geschichte, die vielen als völlig glaubwürdig erschien. Nicht ein bedauerlicher Unfall, sondern die Gesellschaft war schuld am Tod eines Kindes.

So war es nicht, wie sich herausstellte, aber so soll es sein, weil es zu trösten scheint angesichts des bloßen Schicksals, das die Frage nach dem »Warum?« nicht erlaubt. So funktioniert Wahrnehmung in einer skandalisierenden Öffentlichkeit.

Was soll mir, denkt der fühlende Mensch, die Polizeistatistik, die überdies nicht gerade einfach zu interpretieren ist, wenn ich doch weiß, gehört, gelesen habe, wie viel Gewalt es gibt? Was, sagt die niedersächsische Ministerin mit Migrationshintergrund, brauche ich Zahlen und Daten, wenn ich doch »meine Migranten« kenne? »Auch nur ein Toter ist schon einer zu viel« lautet der gebräuchliche Einwand, wenn es darum geht, Gewalt oder Krieg in Zahlen zu fassen. Mit anderen Worten: Man will es so genau gar nicht wissen.

Zahlen relativieren immer. Auch deshalb ist ein Vergleich zwischen dem Ausmaß der Naziverbrechen und des stalinistischen Terrors ungern gesehen, da er Einzigartiges infrage zu stellen scheint. Der Wahrheitsfindung dient das Vergleichsverbot natürlich nicht, dafür der nachträglichen Legitimation eines Terrorregimes.

Ein schönes Beispiel für die gestörte Wahrnehmung, die der Betroffenheitskult erzeugt, bietet ein Schlagabtausch zwischen Thilo Sarrazin und der Schriftstellerin Hatice Akyün auf dem Höhepunkt der Debatte um Sarrazins damals noch weithin unbekannte Thesen – um die es ja auch gar nicht ging, wie der folgende Dialog zeigt:

Sarrazin: »Eine Kritik ist entweder sachlich richtig oder falsch. Und wenn sie richtig ist, muss man sie auch äußern dürfen.«

Akyün: »Sie sollten bei jeder Kritik Rücksicht auf die Gefühle der Menschen nehmen. (…) Was mich irritiert, ist, dass Sie Menschen kategorisieren und zu Zahlen machen.«

Sarrazin: »Um zu wissen, wie hoch die Getreideernte im

letzten Jahr war, gucke ich (...) ins *Statistische Jahrbuch* und muss nicht über die Felder gehen und mit den Bauern reden.«

Akyün: »Wir reden über Menschen und nicht über Getreidefelder.«[21]

Man möchte lachen und weinen zugleich. Das ist kein gescheiterter Dialog, weil der eine ein »nörgelnder Deutscher« und die andere eine sich solidarisch mitangegriffen fühlende Deutschtürkin wäre, sondern weil schlichte Faktenratio gegen »Gefühl« steht. In diesem Diskurs zweier Welten ist Verständigung nicht mehr möglich.

Nun, vielleicht ist die Suche nach dem »Menschen hinter der Rolle« ja mittlerweile das Einzige, was noch der Wahrheitsfindung dient, hat sich der Wähler doch längst daran gewöhnt, dass Wahlversprechen Schall und Rauch sind, es also keinen Sinn hat, nach dem Stand der Dinge zu fragen. Für den Wirtschaftsstandort Deutschland aber scheint mir das »nicht hilfreich« zu sein, diese Abwertung des Sacharguments, des Objektivierens, des Kalküls. Eine der größten Wirtschaftsmächte der Welt leistet sich eine weitgehend technik- und vernunftfeindliche Öffentlichkeit? Cool. Deutschland schafft sich ab? Wundern tät es einen nicht.

Fragt sich nur, warum eine wie Angela Merkel diesen Unsinn heutzutage mitmacht. Denn gerade deshalb fand ich sie einst so erfrischend: Die Physikerin mit naturwissenschaftlich grundierter Nüchternheit und trockenem Humor mied rhetorische Arabesken und anbiedernde Gefühlsbeteuerungen. Sie sprach klar und sachlich – weshalb aus ihrem Mund Worte wie »Wahrheit« und »Mut«, »Aufbruch« und »Entschlossenheit« nicht ganz so blechern klangen.

Doch mittlerweile scheint auch sie, die zu Tina mutierte, zu meinen, man müsse »die Menschen da draußen« »abholen«, wo sie stehen, und sie »in die Mitte nehmen«, damit »menschliche Wärme« entsteht – oder wie das Blech sonst noch heißt, das so geredet wird. Von Angela Merkel wissen wir, dass sie in einer Kabinettssitzung einmal geweint hat. Ich finde, das reicht. Wenn in der Zeitung von »Frau Merkels neuer Wärme« geschwärmt wird, gehen bei mir alle Warnlichter an.[22]

Bis zur Schicksalswahl 2005 sprach aus Angela Merkels Reden zur Renten-, Gesundheits- und Steuerproblematik Nüchternheit, sie orientierte sich an den Fakten und nicht an der vermuteten Gefühlslage der Nation. Mit ihrer Berufung von Paul Kirchhof in ihr »Kompetenzteam« zeigte sie ein letztes Mal, wie unabhängig sie sich fühlte. Doch der Ausgang der Wahl lehrte sie, wie abhängig auch sie in Wirklichkeit war: von einer Stimmungspolitik, die andere besser beherrschten als sie. Denn auch Stimmungen schlagen sich in Zahlen nieder.

Angela Merkel und ihr Professor wurden ein Opfer politischer Semantik. Das Stichwort, das den »Professor aus Heidelberg« erledigte, lautete »soziale Kälte«, ein Verdikt ausgerechnet des ausgeprägten Machtmenschen Gerhard Schröder, den es selten störte, wenn er sich in den Mitteln vergriff.

»Soziale Wärme« und »soziale Gerechtigkeit« gehören zu unseren wirkungsmächtigsten modernen Mythen. Alle scheinen zu wissen, was das Adjektiv »sozial« bedeutet – auf jeden Fall etwas Gutes. Ganz zu schweigen von den beiden Substantiven: »Wärme« vermittelt, wenn es nicht gerade um den »Klimawandel« geht, Kuscheliges, weshalb Politiker schwierige Fälle auch gern in die »Mitte« nehmen. »Gerechtigkeit« wiederum wollen alle, eine Leerformel, die jeder nach Gutdünken füllt.

Auch das Wort »sozial« hat eine bezeichnende Karriere hinter sich. Noch im 19. Jahrhundert, im Jahrhundert der »sozialen Frage«, verstand man unter »social« gesellig und verträglich, »social« war also auch der Stammtisch, an dem die berühmten Parolen entstehen. Mit dem Siegeszug der Arbeiterbewegung veränderte sich die mitschwingende Bedeutung des Wortes, es wurde, wie Friedrich August von Hayek bemängelte, »ein Beiwort (...), das jeden Begriff, mit dem man es verbindet, seiner klaren Bedeutung beraubt und zu einem unbeschränkt dehnbaren Kautschukwort macht«.[23] Das Wort »sozial« wurde moralisch aufgeladen, und das bekam ihm nicht. »Sozial« ist heute ein Kampfbegriff, und wer ihn benutzt, will damit den Konkurrenten um die Deutungshoheit als unsozialen Menschenfeind erscheinen lassen.

Die Bezeichnung der eigenen Partei als »Sozial«demokratie war für die SPD ein schönes Erbe des 19. Jahrhunderts. Die FDP hingegen hat es nicht geschafft, sich gegen den Kampfbegriff »neoliberal« zu wehren, mit dem liberale Positionen als »sozial kalt« gebrandmarkt werden. Noch kaum jemandem ist es gelungen, die Umstrukturierung der sozialen Systeme als lebensnotwendige Rettungsmaßnahme gegen den Vorwurf der »sozialen Kälte« zu verteidigen. Wen wundert das? Alles, was sich als Ankündigung »sozialer Einschnitte« interpretieren lässt, wird vom Protest der Soziallobbys beantwortet.

Die Verwaltung von Bedürftigkeit ist schließlich ein Riesengeschäft und schafft Arbeitsplätze, ähnlich wie die Spendenindustrie, wo zunächst die eigenen Posten bezahlt werden, bevor hungernden Kindern geholfen werden kann.

Wer sich aufs rein Menschliche bezieht, ist fein raus, aber nicht notgedrungen edel. Erpresser an der Haustür haben das längst erkannt: Was, der Kunde will nicht spenden? Dann hat er offenbar etwas gegen Obdachlose, Tiere, die Natur – und gegen »die Menschen«. Wer will schon ein Unmensch sein?

Um die »Betroffenen« geht es bei derlei Hilfsaktionen am wenigsten, das, was »unten« ankommt, sind oft Peanuts im Vergleich zu dem, was ihre Verwaltung kostet. Armut ist relativ, und in einer Wohlstandsgesellschaft wie der unseren ist damit noch immer ein vergleichsweise solider Lebensstandard verbunden. Doch für den Fall, dass ein aufgeklärter Spendenwilliger und Steuerzahler das weiß, gibt es gottlob genug hungrige Kinder in Afrika. So wird wenigstens die Armutsindustrie nicht arm.

An dieser Moralisierung des Problems scheitern alle praktischen Lösungen. Wer einmal durchrechnet, wie man ein soziales System wie das unsere auf die Dauer finanzieren kann, und auf Antworten kommt, die den einfachen Losungen widersprechen, gilt als Prophet sozialer Kälte.

Aussprechen, was ist? Nicht bei diesem Thema. Aber auch bei fast keinem anderen.

Stattdessen blüht die Rhetorik der Kapitalismuskritik aus dem 19. Jahrhundert, lautet die stereotype Antwort: den Reichen nehmen, den Armen geben. Klar, hat ja in der DDR und in der Sowjetunion schon super geklappt, wie gerade Angela Merkel als ehemaliger Insasse des Systems bezeugen kann.

Wer rechnen kann, weiß, dass Renten-, Gesundheits-, Pflegesystem, ja der ganze Sozialstaat an seine Grenzen kommt, wenn die Voraussetzungen nicht mehr stimmen. Doch der bundesrepublikanische Diskurs leugnet schon seit Jahrzehnten die Realität. Gefühlte Größen bestimmen stattdessen das Geschäft. Dagegen hatte Angie einst mit deutlichen Worten polemisiert. Tina hingegen hat sich der wirkmächtigen Floskel von der »sozialen Wärme« unterworfen.

Angie wusste es seinerzeit besser. Denn gewiss war es im real existierenden Sozialismus der DDR menschlich warm zugegangen, weil alle zusammenrücken mussten – ein Zwang, der sich nach 1989 erübrigte und viele »Freundschaften« als das entlarvte, was sie waren: Zweckgemeinschaften in einer Mangelsituation. Von dieser Sorte Wärme hatte Angela Merkel gewiss genug genossen. Konnte sie also ahnen, dass »soziale Wärme« im überheizten Kuschelwesten so überaus geschätzt wird?

Die SPD-Strategen wussten es, und sie wussten, was sie taten, als sie der Partei im Wahlkampf 2002 das »Projekt Wärmestrom« verordneten.

Denn im Westen hält sich hartnäckig das Gerücht, es gehe »kälter« zu, wenn Solidarität aus dem Privatbereich ausgelagert und ohne Rekurs auf Familie und Nachbarschaft kollektiv organisiert wird. Genau das aber war der große Schritt, den Bismarcks Sozialreformen bedeuteten: Sie bedeuteten den Anfang vom Ende des Kriegs der Generationen. Und genau das ist die institutionelle Stärke des Westens: die Befreiung der Individuen aus den Fesseln sozialer Abhängigkeiten.

Der moralisierende Diskurs verdammt das als »kalten« und egoistischen Individualismus. Warum eigentlich? Nichts dürfte lähmender sein als das paternalistische Prinzip, wonach Familie und Clan alles, der Einzelne nichts ist. Nur wer sich individuell eine Leistung zurechnen und von ihr profitieren kann, ist bereit, sie auf sich zu nehmen – und den Erfolg zu teilen, individuell, privat, per Spende. Und natürlich als Steuerzahler. Bereits das ist gelebte Solidarität.

Solidarität ist auch im Westen mit historischer Erfahrung gesättigt: die der gelungenen Integration von Millionen von Menschen seit 1945, seien es Flüchtlinge, Vertriebene, »Gastarbeiter« oder Asylbewerber. Überwiegend ist das eine Erfolgsgeschichte. Der Moraldiskurs hierzulande aber unterstellt dem Bürger, dass ihm etwas fehle – Wärme eben.

»Wärme« fehlte einst auch Angie – was ich an ihr schätzte. Doch mittlerweile haben sich Frisur, Make-up und Outfit von Tina mit dem Pathos der Wärme zusammengetan, obwohl ich glaube, Angela Merkel manchmal noch anzumerken, dass ihr die ganze Verkleidung als »Mutti« peinlich ist. Doch was muss, das muss: Sie hatte die Wahl ja beinahe verloren, die sie mit vernunftgesteuerter Sachlichkeit gewinnen wollte. Das Volk, behaupten die Wahlstrategen, will zwar vielleicht nicht direkt belogen, aber wenigstens ein bisschen getätschelt werden.

Ob das stimmt? Für die intelligente Mitte gilt das nicht. Ihr wäre es lieber, die Klamotten kämen endlich auf den Tisch, damit man sich im Blaumann an die Lösung der Probleme machen kann. Wo bleiben die klaren Worte der Kanzlerin?

Ja, manchmal sieht es in der Tat so aus, als ob »die Kanzlerin (…) mit dem Herzeigen ihres Dekolletés gelegentlich freizügiger (ist) als mit dem Vorzeigen ihrer Überzeugungen«.[24] Selbst die jüngsten dramatischen Ereignisse in der EU veranlassten sie nicht zu einer Rede an ihr Volk, in der sie, wie einst versprochen, die Tatsachen darlegte. Die mächtigste Frau der Welt, Kanzlerin einer noch immer enorm starken Wirtschaftsmacht, der Lokomotive Europas, sagt erst laut Nein und schwenkt dann stillschweigend wieder um. Weil ja immer alles so alternativlos ist.

Die Geduldigen »draußen im Lande« und in den Medien warten noch immer darauf, dass es endlich losgeht mit dem »Durchregieren«. Dass der Winter der Entscheidungen anbricht, dass Merkel ein Machtwort spricht. Oder wenigstens eine Rede hält, welche die Nation in Zeiten der Gefahr an ihren Stolz und ihre Stärke erinnert. Meinetwegen auch mit Blut, Schweiß und Tränen.

Wer, wenn nicht sie – Angie?

Ohne es in Stunden und Minuten nachgerechnet zu haben: In der Öffentlichkeit vernimmt man vor allem Angela Merkels Schweigen. Zugegeben, sie stampft schon mal mit dem Fuß auf, wenn es um relativ unwichtige Sachen geht wie »Stuttgart 21« oder die Laufzeitverlängerung für Atommeiler. Was soll sie auch sagen? Dass nicht ein einziges ihrer Reformvorhaben in Gang kommt, weil die Verhältnisse nicht so sind? Weil der schwäbischen Hausfrau das Geld im Portemonnaie fehlt? Weil der jeweilige Koalitionspartner nicht mitzieht? Weil Wahlen anstehen? Weil Deutschland vielleicht sowieso bald pleite ist – mitsamt dem Rest der EU?

Der ehemalige niedersächsische Ministerpräsident Ernst Albrecht hatte einst die Ehrlichkeit bewiesen, den Plan, Gorleben als Atommülllager auszuweisen, angesichts des heftigen Protestes dagegen für »politisch nicht durchsetzbar« zu erklären. Angela Merkel ist weniger ehrlich. Sie, die sich ihre Kompromissfähigkeit zugutehält, die als Naturwissenschaftlerin pragmatisch und lösungsorientiert denken sollte, sagt heutzutage, etwas sei »alternativlos«, als ob es sich dabei um ein Naturgesetz handelt. Das ist das Eingeständnis, dass politisch nichts mehr zu bewirken ist, zumindest nicht von ihr. Warum dann noch regieren?

Tatsächlich ist der Gefühlssprech, das politische Moralisieren, das Geschichtenerzählen – etwas, das Frauen angeblich lieber haben als die kalten Sachen und harten Fakten – ein probates Mittel, nicht nur von Problemen abzulenken, die man nicht lösen kann, sondern das Wahlvolk in eine einsichtige Herde demütig blökender Schafe zu verwandeln. Es reduziert politisches Handeln auf Befindlichkeiten, am besten auf »Einstellungen« – die der Wähler und Steuerzahler.

Denn die sollen sich nicht nur identifizieren und solidarisieren (»geht uns alle an«), sondern sich möglichst mitschuldig fühlen, wenn es Probleme gibt (»kommt aus der Mitte der Gesellschaft«). Das scheint die beste Art zu sein, Bescheidenheit zu fördern und die Steuermoral hochzuhalten. Zu meinem Leidwesen scheint auch Angela Merkel das bald begriffen zu haben.

Merkels »alternativlos« klingt nicht so machohaft wie Gerhard Schröders »Basta!«, aber beim Wort genommen ist ihr Befehl zum Ende der Debatte weit schlimmer. »Basta« heißt – ich will nicht. Alternativlos heißt – es geht nicht anders.

Gegen den autoritären Macho, der sein »Basta!« brummt, kann man sich auflehnen. Es bedeutet ja nicht: Es gibt keine Alternative. Es heißt nur: Ich dulde keine.

Die Physikerin Merkel aber gibt dem, was sie tut oder unterlässt, den Status von Naturgesetzen, denn nur die sind alternativlos. Das, mit Verlaub, ist totalitär.

Die Frau, die sich einst von den Freiheitsversprechen des Westens faszinieren ließ, hat etwas Janusköpfiges. Steckt unter dem gefälligen Äußeren Tinas womöglich nicht nur Angie, die Unangepasste, sondern auch die gelehrige Schülerin des Marxismus-Leninismus? Lauert unter dem apricotfarbenen Kostüm die fahle Leiche DDR?

Das allerdings wäre ein unverzeihlicher Irrtum.

1 Evelyn Roll, *Die Kanzlerin*, a.a.O., S. 131.

2 Beim »Mecklenburger Aufbruch«, einer Wochenzeitung, die die spätere Kultusministerin von Mecklenburg-Vorpommern Regine Marquardt in der Wendezeit gegründet und mit westdeutscher Unterstützung bis 1993 betrieben hat.

3 Evelyn Roll, a.a.O., S. 57.

4 Wie stark Angela Merkel in den SED-Staat involviert war, ist unklar. Sowohl Langguth als auch Roll lassen das offen.

5 Ein Vergleich, der sich bei Evelyn Roll findet: a.a.O., S. 134.

6 Ehrhart Neubert: »Das waren Leute, (...) die hatten sich nicht engagiert in den letzten zehn Jahren und waren deswegen auch nicht ideologisch so versaut wie wir.« Zitiert bei Roll, a.a.O., S. 129.

7 Günther Krause und Lothar de Maizière, der, als Stasi-Informant »Czerni« enttarnt, nach der Bundestagswahl im Oktober 1990 als Minister zurücktrat.

8 Richard von Weizsäcker, Rede in Zürich, Mitte Januar 1990, zitiert bei: Cora Stephan (Hg.), *Wir Kollaborateure. Der Westen und die deutschen Vergangenheiten*, Reinbek 1992, S. 11.

9 Evelyn Roll, a.a.O., S. 91: »Da nimmt eine, gerade wegen ihrer Lebenserfahrung in einem totalitären Staat, die Verfassung und die Verfasstheit unseres demokratischen Landes noch einmal wirklich beim Wort. Mit so einer müsste man doch ganz von vorne anfangen können.«

10 Herlinde Koelbl, *Spuren der Macht. Die Verwandlung des Menschen durch das Amt.* Eine Langzeitstudie, München 1999 (2010).

11 Weshalb die Muttis mit der Einheit auch wesentlich höhere Renten erhielten als die Frauen im Westen, die ja nüscht

jeleistet hatten außer Zuhausesitzen und Kinder betütteln. Die Frauenministerin störte das nicht weiter.

12 Herlinde Koelbl, a.a.O., S. 54.

13 Hajo Schumacher, *Die zwölf Gesetze der Macht. Angela Merkels Erfolgsgeheimnisse*, München 2006, S. 131.

14 Herlinde Koelbl, a.a.O., S. 48.

15 Vgl. das Kapitel über Angela Merkel »Wir basteln uns ein Weibchen«, in: Ebba Drolshagen, *Ich will aussehen wie ich selbst – nur schöner*, München 2007, S. 69ff.

16 Herlinde Koelbl, a.a.O., S. 60, S. 85.

17 Hajo Schumacher, a.a.O., S. 84.

18 Titel eines Essays von Richard Herzinger, »Weltwoche«, 25.5.2005.

19 Zitiert nach Hajo Schumacher, a.a.O., S. 236.

20 Cora Stephan, *Der Betroffenheitskult*, Berlin 1993.

21 »Bild am Sonntag«, 29.8.2010.

22 »FAZ«, 16.11.2010.

23 Friedrich August von Hayek, »Was ist und was heißt sozial?«, in: Albert Hunold (Hg.), Masse und Demokratie, Erlenbach-Zürich, Stuttgart 1957.

24 Gabor Steingart, *Die Machtfrage. Ansichten eines Nichtwählers*, München 2009, S. 21.

KAPITEL 3

Irrtum 1: Steuergerechtigkeit

Die DDR war das Land der Wunder: Es gab Vollbeschäftigung ohne produktive Arbeit. Nun, Wunder gibt es immer wieder – auch im vereinigten Deutschland. Dort finden sich jede Menge Arbeitsplätze, die der Verwaltung der Nichtarbeit dienen.

Und das größte Wunder von allen ist die Geduld der Steuerbürger, die das alles finanzieren: einen aufgeblähten Sozialstaat, von dem sie wissen, dass er nur zu einem Bruchteil tut, was als sein tieferer Sinn ausgegeben wird, nämlich denen zu helfen, die sich selbst nicht helfen können.

Auch die deutschen Steuersklaven mögen 2005 die Hoffnung gehabt haben, dass ein Bündnis von Agenda-SPD und Reform-Angie endlich Schluss macht mit der Konfiskationslust des Steuerstaates. Ihre Hoffnung wurde bitter enttäuscht.

Lag es daran, dass die Reformkanzlerin von einer starrsinnigen Nach-Schröder-SPD am guten Werk gehindert wurde? Dagegen konnte man etwas tun: FDP wählen, damit Reform-Angie mit ihrer Wunschkoalition endlich an die Arbeit gehen konnte. Gesagt, getan. Doch wieder daneben. Das sensationelle Wahlergebnis 2009 hat die liberale Partei zwar in die unverhoffte Notlage gebracht, mehr Positionen zu haben als Menschen, die sie wirklich ausfüllen können. Aber Durchregieren aus einem Guss? Nicht mit Tina.

Und dass Angela Merkel ihren Steuerbürgern wenigstens einmal gesagt hätte, dass sie ihre Geberqualitäten zu würdigen weiß? Fehlanzeige.

Statt Klarheit und Wahrheit gibt es bei Tina das Übliche: die windelweichen Floskeln der Verschleierung.

Zahlen, Tabellen und Berechnungen sind nicht alles. Zumal man auch mit Zahlen Verschleierung und Verblendung betreiben kann. Aber meistens helfen sie, um gewissen Alltagsmythen auf die Spur zu kommen. Ein besonders weitverbreiteter Irrtum lautet: Insbesondere die »Schwarzen« betreiben einen eiskalten Abbau des Sozialstaats.

Die allgemein zugänglichen Zahlen geben das nicht her. Es ging einzig im Jahr 2004 nicht stetig aufwärts. Im Vergleich zu 1991 aber sind die Sozialausgaben des Bundes und der Sozialversicherung von 423,6 auf 754 Milliarden Euro im Jahr 2009 gestiegen. Das waren 1991 noch 27,6 Prozent des Bruttoinlandsprodukts, 2009 bereits 31,3 Prozent.[1]

2007 bekam jeder siebte Erwachsene (14 Prozent zwischen dem 18. und 64. Lebensjahr) Arbeitslosen- oder Sozialgeld, Grundsicherung, Bafög oder Wohngeld. Zählt man Kurzarbeiter und Rentner hinzu, bezogen sogar 42,4 Prozent der Wahlberechtigten Sozialleistungen.[2]

Von den Erwerbstätigen zahlen um die 25 Millionen in

nennenswertem Umfang Steuern. 10 Prozent der Steuerzahler berappen dabei mehr als die Hälfte aller Steuern – zu diesen 10 Prozent gehören alle, die ein Jahreseinkommen ab 61300 Euro beziehen, also keineswegs nur die »Reichen«.[3]

Ein Einnahmeproblem hat der Staat nicht. 2008 beliefen sich die Steuereinnahmen auf 515,5 Milliarden, 2009 (Krisenjahr) auf 484,8 Milliarden, und für 2010 werden 511,5 Milliarden Euro erwartet.[4] Ein Ausgabenproblem gibt es schon eher, und das ist nicht durch Steuersenkungen verursacht.

Dass »Nehmet den Reichen!« helfen könnte, ist ein von der Linken gern bemühter Mythos. Ach was. Für den Wohlstand hierzulande wäre es am günstigsten, die Reichen wanderten aus. Man kann ihnen also ruhig mit hohen Steuern drohen. Das hebt zwar nicht das Steueraufkommen, aber es treibt sie mit Sicherheit außer Landes. Und dann? Würden schlagartig alle anderen reicher werden, da Armut hierzulande eine relative Größe ist, die sich am Durchschnittseinkommen misst. Also: Wir werden ärmer, je reicher wir sind. Es ist eben alles eine Frage der Optik.

Während die Klage über soziale Grausamkeiten den »Armen und Ärmsten« gegenüber laut und vernehmlich ist, leidet der gemeine Steuerzahler im Stillen. »Um das Phänomen der heutigen Steuerduldsamkeit bei den Wohlhabenden zu würdigen«, schreibt Peter Sloterdijk, der Rächer der geschröpften »Steueraktiven«, »sollte man vielleicht daran erinnern, dass Queen Victoria bei der erstmaligen Erhebung einer Einkommensteuer in England in

Höhe von fünf Prozent sich darüber Gedanken machte, ob man hiermit nicht die Grenze des Zumutbaren überschritten habe. Inzwischen hat man sich längst an Zustände gewöhnt, in denen eine Handvoll Leistungsträger gelassen mehr als die Hälfte des nationalen Einkommensteuerbudgets bestreitet« – und immer noch nicht zum »antifiskalischen Bürgerkrieg« Zuflucht nimmt. »Dies ist ein politisches Dressurergebnis, das jeden Finanzminister des Absolutismus vor Neid hätte erblassen lassen.«[5]

Als Angela Merkel noch Angie war, wollte sie das alles ändern: mit einer großen Steuerreform. Mit der Reform des Gesundheitswesens. Mit einer Rentenreform. Nichts davon ist bislang geglückt – und wenn das so weitergeht, dann wird nicht Angela Merkel, sondern Gerhard Schröder in die Annalen eingehen als derjenige, der mit der Agenda 2010 den Zug aufs richtige Gleis gesetzt und dabei die eigene politische Zukunft riskiert hat. Was sagte sie noch in ihrer Regierungserklärung am 30. November 2005? »Ich möchte Kanzler Schröder ganz persönlich danken, dass er mit der Agenda 2010 mutig und entschlossen eine Tür aufgestoßen hat, unsere Sozialsysteme an die neue Zeit anzupassen.« Die Tür ist also auf. Und wie weiter?

Warum hat Angela Merkel ihre Macht in der Großen Koalition nicht genutzt? Woran scheitern in diesem Land Reformen? An uneinsichtigen Bürgern? An den Mehrheitsverhältnissen, an der Opposition? An der Unfähigkeit der Regierenden, an mangelndem politischem Willen? An starken Lobbys? Oder an »ungenügender Kommunikation« – also: am Marketing?

Es sind sich doch eigentlich alle über die grundlegenden Fakten einig, und das schon seit Langem: Das Rentensystem beruht auf falschen Voraussetzungen, nämlich auf einer Relation zwischen Erwerbstätigen und Leistungsempfängern, wie sie längst nicht mehr gegeben ist. Von den einen gibt es zu wenige, von den anderen zu viele. Die Rente mit 67 ist also zumindest der berühmte »Schritt in die richtige Richtung«, ein einsamer Entschluss übrigens von Franz Müntefering.[6] Allerdings kommt sie erst schrittweise bis 2029 – und damit viel zu spät.

Der Sozialstaat, das »soziale Netz«, fängt nicht mehr vor allem Hilfsbedürftige auf, sondern lockt auch diejenigen in die Hängematte, die rechnen können. Warum sollte einer eine geregelte Arbeit (mit Rentenbeiträgen) aufnehmen, die sich im Vergleich zum Leben mit Hartz IV kaum oder gar nicht lohnt?

Das Steuersystem ähnelt einem undurchdringlichen Drahtverhau aus unzähligen Ausnahmeregeln, mit denen man der »Steuergerechtigkeit« nahekommen will. Gerecht ist da gar nichts, nur kompliziert. Vor allem benachteiligt es mittlere Einkommen und damit jene Mitte, die auf die Reformpolitikerin Merkel (und die FDP) gesetzt hat.

Doch Angela Merkel hat es, selbst in der Traumkonstellation der »bürgerlichen Koalition«, bis heute nicht geschafft, wenigstens den berüchtigten »Mittelstandsbauch« glatt zu bügeln, eigentlich ein Zacken in der Steuerkurve, der daraus entsteht, dass gerade in den unteren Einkommensgruppen die Progression stark ansteigt.

Diese sprunghafte Progression betrifft vor allem die

»Normalverdiener«, die das Gefühl haben, dass sich Aufstieg nicht lohnt, weil jeder Erfolg gleich weggesteuert wird. Nach unten hin aber lauert eine weitere Frustration: Wer weniger verdient, zahlt wenig Steuern, rückt aber den Arbeitslosen, die Hartz IV beziehen, ungemütlich nahe. Das »Lohnabstandsgebot«, also der deutliche Unterschied zwischen Hartz-IV-Sätzen und der unteren Verdienstklasse, ist längst verletzt.

Auch wenn es in diesem Land manch einem an Bildung fehlen mag: Die Grundrechenarten beherrschen die meisten. Wer rechnen kann, erkennt in Hartz IV, ergänzt durch ein bisschen Schwarzarbeit, eine echte Alternative zur Lohnarbeit und darf sich fragen, wofür er sich eigentlich noch anstrengen soll. Um den Rettungsschirm zu finanzieren, den die Kanzlerin aufspannt, damit man es in anderen Ländern mit der Maloche etwas lockerer angehen kann als die Deutschen, die Streber und Musterknaben? (Auf das große Thema Europa komme ich später zu sprechen.)

Wie sagt Peter Sloterdijk? »Wir leben gegenwärtig ja keineswegs ›im Kapitalismus‹ – wie eine so gedankenlose wie hysterische Rhetorik neuerdings wieder suggeriert –, sondern in einer Ordnung der Dinge, die man *cum grano salis* als einen massenmedial animierten, steuerstaatlich zugreifenden Semi-Sozialismus auf eigentumswirtschaftlicher Grundlage definieren muss.«[7]

Guido Westerwelle nannte das »spätrömische Dekadenz«. Und meinte, die Steuerzahler müssten sich als »Deppen der Nation« fühlen.[8] Richtig analysiert. Nichts daraus gemacht. Wer seit 2009 händeringend wenigstens auf eine kleine Korrektur hoffte, sah sich enttäuscht. Die FDP traut sich nicht, den »Deppen der Nation« unter die Arme zu greifen, weil sie nicht wieder als »Steuersenkungspartei« gehandelt werden will. Und Angela Merkel? Scheint das Problem nicht mehr zu interessieren.

Dabei hatte sie 2005 die richtige Idee. Ein Name musste her, der Programm ist: Paul Kirchhof. Dieser wiederum hatte viele gute Ideen, was eine Steuerreform betrifft. Die gemeinsame gute Idee aber scheiterte grandios – und beispielhaft.

Angela Merkel und Paul Kirchhof lernten sich Mitte der 90er-Jahre kennen. Damals war sie die jüngste Ministerin in Kohls Kabinett und der zehn Jahre ältere Kirchhof der bis dahin jüngste Bundesverfassungsrichter. Im zunächst so aussichtsreichen Wahlkampf 2005 machte sie ihn zum designierten Finanzminister. Kirchhof sagte, was auch Merkel glaubte: »Der Staat ist zu entlasten, individuelle Verantwortung zu stärken.« Seine Berufung elektrisierte allerdings nicht nur die CDU, sondern vor allem die FDP, und das sollte sie wohl auch.

Kirchhofs Vorschlag einer fundamentalen Steuerreform war noch radikaler als das von Friedrich Merz bereits 2003 für die CDU erarbeitete Konzept. Er sah, vereinfacht gesagt, einen einheitlichen Steuersatz von 25 Prozent auf jede Form von Einkommen vor, seien das Löhne oder Gehälter, Mieteinnahmen, Erbe, Spekulations- oder Unternehmensgewinne. Dafür sollte auf alle Ausnahmeregelungen und Abzugsmöglichkeiten verzichtet werden, sodass es nicht mehr hieß: Wer wenig verdient, zahlt Steuern, wer viel verdient, schreibt ab.

Mit Grundfreibetrag und Stufentarif hätte das Modell gerade für kleinere Einkommen eine geringere Steuerlast bedeutet und überdies Familien begünstigt. Nicht profitiert hätten Bezieher hoher Einkommen, die bislang von Abschreibungen Gebrauch machen konnten. Die erreicht man nämlich auch mit einem Höchstsatz von 50 Prozent nicht, wenn sie sich vorher arm rechnen dürfen.

Kirchhofs Modell versprach Transparenz, Einfachheit und enthob die Besserverdienenden der Mühe, des Steuernsparens wegen in Abschreibungsobjekte zu investieren. Einfach und gerecht, so hätte man es jedenfalls allen vermitteln müssen, eine Labsal für alle, die ihre Steuererklärung hassen. Und mit den nun nicht mehr benötigten Finanzamtsmitarbeitern hätte man eine schlagkräftige Steuerfahndung aufbauen können; die leidet nämlich, wie man hört, an Personalmangel.

Die womöglich sozialste und radikalste Steuerreform hätte allen genützt – gut, vielleicht nicht unseren etwa 86 000 Steuerberatern. Und, bei Licht betrachtet, auch den Parteien und Politikern nicht, die sich mit Ausnahmeregeln die Loyalität von Wählergruppen zu kaufen pflegen – Ausnahmen, die sie als »Steuerschlupflöcher« bei der nächsten Wahl wieder abzuschaffen versprechen.

Kurz: eine rundum bahnbrechende Idee, mit der Angela Merkel die Wahl gewinnen wollte. Sie scheiterte an Gerhard Schröder. Und an der Kandidatin selbst, die im entscheidenden Moment einknickte und von Kirchhof abrückte.

Der Instinktpolitiker Schröder lief achtzehn Tage vor der

Wahl zu großer Form auf. Weil Schröder ungern sachlich ist, wenn es auch persönlich geht, knöpfte er sich Kirchhof vor, »diesen Finanzprofessor da«, der von der »Lebenswirklichkeit einfacher Menschen« keine Ahnung habe. Eine Partei, die so einen auch noch zum Finanzminister machen wolle, sei »kalt, unsolidarisch und damit auch unmenschlich«. Der Beweis: Kirchhof, dieser »Professor aus Heidelberg«, wolle sich auch an der Rentenversicherung vergreifen, und zwar auf besonders diabolische Weise: Er wolle sie so organisieren wie eine Kfz-Versicherung. »Da wird ein Menschenbild deutlich, das wir bekämpfen müssen«, tönte Schröder in Hochform. »Menschen sind keine Sachen.«[9]

Das war selbstredend die reine Demagogie. Kirchhofs Ideen mochten hier und da nicht zu Ende gedacht gewesen sein, aber seine Steuerpläne waren weder unmenschlich noch ungerecht. Doch auch der SPD musste aufgefallen sein, wie radikal diese Reform wirklich war: Sie hätte Schluss gemacht mit der schönen Sitte, durch Ausnahmeregelungen Steuer»privilegien« zu vergeben, eine Übung, die auch den Sozialdemokraten vertraut war.

Wir kennen sie rauf und runter, die absurden Debatten über »Steuergerechtigkeit«, diese Springprozession, bei der es immer nur ein Schrittchen vorwärts und einen erschrockenen Satz zurück geht. Immer wieder dabei: die Pendlerpauschale, mit der das Leben auf der grünen Wiese belohnt und ein gewaltiges Zersiedlungsprogramm subventioniert wird – ganz so, als ob es auch mit sinkender Bevölkerungszahl noch Wohnungsnot gäbe. Ebenso gut könnte man eine Pauschale für Innenstadtbewohner fordern, die teurer wohnen, umweltdienlich aufs Auto verzichten, die Städte beleben und die Natur schonen. Ich warte auf die entsprechende Lobby.

Über Kirchhof mochte man denken, was Theodor Eschenburg einst über Ludwig Erhard sagte: »Ein Professor hatte in seiner ganzen politischen Unschuld die fixe Idee durchgesetzt, der er seit Jahren anhing. Er vereinigte Prinzipientreue mit unerschütterlichem Wagemut. Seine Stärke lag in seiner Unkenntnis des Parlamentarismus.« Doch im Unterschied zu Ludwig Erhard erhielt Paul Kirchhof keine Chance.

Das erst so erfolgreiche »Agenda-Setting« durch Angela Merkel erwies sich als Falle. Niemand diskutierte mehr über die umstrittene Agenda 2010 der SPD. Alles klagte über die »massiven unsozialen Radikalreformen« der CDU.

Warum ließ Angela Merkel es zu, dass Gerhard Schröder ihr Ass, Paul Kirchhof, als menschlich kalten Intellektuellen denunzierte und lächerlich machte? Hatte der eingeübte Diskurs über »soziale Gerechtigkeit« sie wirklich überrascht? Resultiert aus dieser Situation, in der sie einen sicher geglaubten Sieg fast verspielt hätte, jenes »Trauma«, das sie später vor jeder Andeutung einer radikalen Entscheidung zurückzucken ließ?

Wie entscheidend politische Rhetorik sein kann, hatte sie doch schon bei der Debatte um die Gesundheitsreform 2003 zu spüren bekommen, bei der die CDU den Vorschlägen einer Kommission unter Vorsitz des früheren

Bundespräsidenten Roman Herzog folgte. Diese sah ein Prämienmodell mit weitgehend einheitlichen Krankenkassenbeiträgen »pro Kopf« vor.

Die Gesundheitsprämie ließ sich als »Kopfpauschale« trefflich denunzieren, ein gefundenes Fressen für den großen Wahlkämpfer Gerhard Schröder. Und auch an diesem Beispiel kann man wieder studieren, wie sehr Semantik die politische Debatte prägt, jenes »Begriffe definieren«, das aus A auch schon mal B macht.

Allein die Wortwahl »Kopfprämie« und »Kopfpauschale« sei »kommunikationspolitisch eine Katastrophe« gewesen, meint zu Recht Angela Merkels Biograf Gerd Langguth.[10] Der semantische Echoraum ist in der Tat vielfältig. Die einen erinnert das an »Kopfjäger«, die fürs abgeschlagene Haupt des Gegners eine Prämie erhalten. Anderen fällt die »Kopfsteuer« ein, die Großbritanniens eiserne Lady Margaret Thatcher Ende der 80er-Jahre durchgesetzt hatte.

Im *Brockhaus Konversationslexikon* von 1908 findet sich die passende Definition. Da heißt es, die Kopfsteuer sei »die roheste und unvollkommenste Art der Personalsteuer«, weil sie jeden Einzelnen gleichmäßig trifft, ohne Unterschied und ohne Rücksicht auf die größere oder geringere Leistungsfähigkeit. »Sie wurde namentlich unterworfenen Völkerschaften auferlegt und steht überhaupt in engem Zusammenhang mit der Unfreiheit.«

Auch daran mochte der eine oder andere gedacht haben. Dass eine Prokopfpauschale im Gesundheitssystem schlicht dem Versicherungsprinzip entspricht, zumal Krankheitskosten für Arme und Reiche gleich hoch sind, ging in der Debatte weitgehend unter. Wie üblich klagte man die Solidaritätspflicht der Reichen gegen die Armen ein und bemängelte, dass die Pauschale auch noch die Arbeitgeber – die »Kapitalisten« – entlasten würde. In der Tat – allerdings nur von den steigenden Kosten des Gesundheitssystems.

Die Gefahr einer »Kopfprämie« liegt womöglich ganz woanders. Sie trägt zur Wahrheit bei, denn sie verlagert die »Solidaritätspflicht« dahin, wo sie hingehört, in die steuerfinanzierte Sphäre der Sozialtransfers. Damit aber wäre offengelegt, wie hoch die Umverteilungssummen wirklich sind. Und das könnte sogar den geduldigen produktiven Steuerbürgern auffallen und zu Unmut führen, den Kühen, die man ja weiterhin melken will.

Nein, Transparenz ist nicht gewollt. Nicht hier und nicht in der Steuerpolitik. Dort hätte eine Kopfpauschale eine sehr unmittelbare Wirkung: Sie belohnt denjenigen, der sich mehr anstrengt, anders als jetzt, wo höherer Arbeitserfolg in die Progression führt, also weggesteuert wird. Doch will man wirklich den Ehrgeiz der Bürger ins Unendliche wachsen lassen?

Auch in der schwarz-gelben Koalition wird es nichts werden mit der versprochenen »großen Steuerreform«, das zeichnet sich jetzt schon ab. Denn außer den Steuerzahlern hätte niemand etwas davon.

Dem System sind die Hilfsbedürftigen wichtiger. Und deshalb ist es so angelegt, dass es diejenigen vermehrt, die Anspruch auf seine Hilfe haben – und damit all jene, die sich um die Armen kümmern: die Sozialstaatsindustrie. Die ist die größte Gewinnerin des Projekts »soziale Wärme für alle«.

Und deshalb sind »Opfer« so beliebt hierzulande. Übrigens haben Frauenbewegung und Alternativszene das bereits in den 70er-Jahren begriffen: Mit Sozialprojekten ließ sich wunderbar Staatsknete einwerben, solange man eine Gruppe fand, deren soziale Defizite man bekämpfen konnte. Das erzeugte ganz nebenbei den falschen Schein, Frauen seien überwiegend Opfer oder hätten einen Mangel, den man kompensieren müsse. Im Gegenteil: Frau hantierte überaus kreativ mit enormen Dunkelziffern, die es zuließen, auch Minderheitsprobleme zu gesellschaftlich wichtigen Anliegen umzudeuten. Auf dem Höhepunkt der Bewegung kursierten Phantasiezahlen, denen zufolge mindestens jede zweite Frau ein Missbrauchsopfer war.

Der eigenen Klientel gesellschaftliche Relevanz zu verleihen ist noch heute der große Ehrgeiz moderner Sozialdienstleister. Der Betroffenheitsdiskurs »Das geht alle an« erleichtert das Geschäft.

Wie belebend die Entdeckung von Problemgruppen sein kann, zeigt Ursula von der Leyens »Bildungspaket« von zusätzlichen 40 Millionen Euro, das allen Kindern »faire Chancen« geben soll. Für den guten Zweck fallen 1300 neue Verwaltungsstellen in den Arbeitsagenturen an, nicht mitgerechnet die Folgekosten für Nachhilfelehrer oder Bildungskoordinatoren.

Man muss nicht den pittoresken Fall jenes Sozialarbeiters nehmen, Chef der »Treberhilfe Berlin«, der einen Maserati als Dienstwagen beanspruchte, um Beispiele für die Absurdität des Systems zu finden.

Von den 49 Milliarden Euro, die Bund und Kommunen 2010 für Hartz-IV-Empfänger ausgegeben haben, kommen nur 24 Milliarden direkt bei den Betroffenen an. Der Rest geht an Rechtsanwälte und Arbeitsvermittler, Fortbildungseinrichtungen und allerlei Wohlfahrtsprojekte und befeuert eine florierende Armutsindustrie. Geschätzter Umsatz: 25 Milliarden Euro.[11]

Rechtsanwälte haben in Hartz-IV-Empfängern eine lukrative und risikofreudige Klientel gefunden, die keinen Aufwand anderer scheut, um ihre Interessen durchzufechten. Für Prozesskosten müssen sie ja nicht aufkommen. Deshalb wird schon mal hoch bis zum Verfassungsgericht geklagt, das daraufhin den Bundestag zur Nachbesserung lückenhafter Gesetze aufrufen muss. Mit dem neuen Bildungspaket wird die Prozessflut 2011 wohl rasant ansteigen, da jeder Einzelfall der 2,3 Millionen betroffenen Kinder geprüft werden muss.

Dass immer mehr vom Parlament verabschiedete Gesetze vor dem Bundesverfassungsgericht landen, das doch eigentlich die erheblich schwächere demokratische Legitimation besitzt, spricht nicht für die Qualität seiner Arbeit. Und dass seit Jahren die Einkommensteuerbescheide der Finanzämter nur vorläufig ergehen, ist auch kein Ruhmesblatt. Funktionierende Institutionen sehen anders aus. Selbst die Urheber und ihre ausführenden Organe scheinen nicht mehr zu verstehen, was sie tun.

Wenden wir uns also lieber den erfreulichen Seiten der

sozialen Wärme zu, insofern sie nämlich Kreativität erzeugt. Besonders schöne Blüten treibt die Armenspeisung, jene »Tafeln«, deren Zunahme gute Seelen als Zeichen dafür verbuchen, dass die Armut in diesem Lande zunimmt. Im Gegenteil: Die Zahl der Cleveren nimmt zu.

Die Idee der »Tafel« ist genial. Man nimmt Supermärkten täglich jene Lebensmittel ab, die nicht mehr verkauft werden können, und verteilt sie an »Bedürftige«. Das macht ein gutes Gewissen und erspart den Lebensmittelhändlern Entsorgungsgebühren in Millionenhöhe. Und wenn die schlau sind, lassen sie sich für die sozial entsorgten Waren auch noch eine Spendenquittung ausstellen, selbstverständlich über den Verkaufswert frischer Waren, das spart Steuern.

Obzwar die meisten Bildungsangebote bei den Hartz-IV-Beziehern mangels Interesse nicht ankommen und die wenigsten durch allerhand »Maßnahmen« wieder einen Job bekommen, wirkt das System als segensreiche Arbeitsbeschaffungsmaßnahme für all die anderen, die Chancen erkennen und ergreifen. Kreativität wird also doch belohnt! Auf Kosten der Steuerzahler, aber wer wird da kleinlich sein?

Wahrlich, wir leben im Land der Wunder. Wie in der DDR, wo alle beschäftigt waren, aber niemand eine Arbeit hatte. Und deshalb muss alles so weitergehen, wie es ist.

Das wird sich auch Angie gedacht haben, als sie sich anschickte, Tina zu werden. Der Sozialstaat? Alternativlos.

Irrtum 2: Die Rentengarantie

Das deutsche Rentenmodell hat seine Meriten. Zum sozialen Frieden der Nachkriegszeit hat wesentlich beigetragen, dass man mit der Rentenreform 1957 die Renten an die Lohnentwicklung gekoppelt hat und sie nicht aus angesparten Beträgen bezahlt, sondern aus den laufenden Beitragszahlungen bestritten wurden. So hatten auch die Rentner unmittelbar Anteil am Wirtschaftswunder: Mit höheren Löhnen stiegen die Renten.

Umgekehrt müsste das natürlich auch gelten: Sinken die Löhne, sinken auch die Renten. Doch davon will niemand etwas hören. Die Rentner sind zahlreich und werden immer mehr, unter ihnen finden sich die treuesten Wähler. »Die Renten sind sicher« war und ist die notwendige Lebenslüge der Politik, auch nach Norbert Blüm.

In der Nachkriegszeit konnte man noch mit dem Bild der ausgemergelten Kriegerwitwe operieren, die fünf Kinder allein durchbringen muss, um effektvoll von den Schwachstellen des Systems abzulenken. Doch diese Geschichten ziehen nicht mehr. Nicht die heutigen Rentner, die künftigen müssen sich Sorgen machen.

In aller Kürze: Die ursprünglichen Voraussetzungen für dieses Rentenmodell – ein angemessenes Verhältnis zwischen Erwerbstätigen, die in die Rentenkassen einzahlen, und jenen, die Rente beziehen, plus glänzender Konjunktur – stimmen schon lange nicht mehr. Dafür gibt es mehr als einen Grund.

Zum einen sank die Zahl der Geburten und damit die Zahl derer, die künftig zumindest erwerbs*fähig* sein könnten (ob sie dann auch erwerbs*tätig* sind, steht auf einem ganz anderen Blatt). »Kinder kriegen die Leute immer«, hatte Adenauer noch behauptet, der gern in Kauf nahm, dass sein Rentenmodell ihm Wählerstimmen garantierte, ohne dass er sich über dessen Nachteile Sorgen machen musste.

Doch eine geringere Zahl Erwerbsfähiger ist keineswegs der einzige Grund, warum sich das Verhältnis zwischen tatsächlich Erwerbs*tätigen* (nur die zahlen Rentenbeiträge) und Nichterwerbstätigen zuungunsten der Ersteren verändert hat. Zum einen wurde das Potenzial der Erwerbs*fähigen* nie auch nur annähernd ausgeschöpft – kenntlich an der in Deutschland noch heute relativ zu anderen Ländern niedrigen Frauenerwerbsquote. Zum anderen verminderten lange Ausbildungszeiten und die eine Zeit lang von der Industrie gewünschte (und staatlich subventionierte) Frühverrentung die beitragspflichtige Lebensarbeitszeit.

Vor allem aber hatte die alte Rechnung ein Geschenk nicht eingerechnet, das der Fortschritt uns allen beschert hat: das Geschenk einer enorm gestiegenen Lebenserwartung. Zu Bismarcks Zeiten erlebten nur wenige das Rentenalter. Heute ist es ohne Weiteres möglich, dass jemand dreißig Jahre in die Rentenkasse einzahlt und dafür dreißig Jahre oder länger Rente bezieht.

Adenauers Rentenkonzept war politisch gewollt. Es sprach und spricht also auch nichts dagegen, es einer veränderten Wirklichkeit anzupassen. Mit kürzeren Ausbildungszeiten, einem späteren Rentenbeginn und der Ausschöpfung vorhandener Ressourcen ist ein Anfang gemacht.

Es sagt viel über das Niveau des öffentlichen Diskurses aus, dass er sich eine Zeit lang lediglich auf die quasi biologische Seite des Problems beschränkte: die in Deutschland wie in anderen Industriestaaten niedrige Geburtenrate.

Lustvoll legte man Frauen »Kind statt Karriere« nahe, spekulierte darüber, warum ausgerechnet Akademikerinnen so wenig Nachwuchs bekämen – was das Verbot eines Universitätsabschlusses für Frauen nahelegte –, dachte laut über »Strafsteuern« für Kinderlose nach und impfte jungen Eltern die Vorstellung ein, just in ihrem aggressiv-missmutig durch die Gegend geschobenen Kinderwagen läge die »Zukunft Deutschlands«, nämlich die künftigen Beitragszahler in die Rentenkasse.

Kinderlose Steuerzahlerinnen wagten es besser nicht, auch nur anzudeuten, dass sie es sein würden, die dem künftigen Sprössling die Stütze bezahlen müssten, wenn aus ihm kein prächtiger Leistungsträger wird, was ja nicht ausgeschlossen ist. Denn ihnen wurde unverblümt eine schreckliche Strafe für ihren Egoismus in Aussicht gestellt: im Alter ohne die nötige Hüftoperation dahinsiechen zu müssen.

Was sind wir für ein seltsames Land. Über das Geschenk hohen Alters redet man hier selten, die Warnung vor der

»vergreisenden Gesellschaft« ist ja viel süffiger – jeder Spätablebende ein Sozialschmarotzer und potenziell teurer Pflegefall.[12] Der Krieg »Alt gegen Jung«, der auf dem Meinungsboulevard lustvolles Gruseln auslöste, ist eine Schimäre. Nicht nur war das Verhältnis zwischen den Generationen wohl noch nie so harmonisch wie heute. Nur selten müssen die Kinder für ihre Eltern sorgen. Umgekehrt profitiert manch junge Familie von der Freigebigkeit (und Freizeit) der Eltern. Es spricht auch viel dafür, dass die Situation sich weiter entspannt – der nötige Abschied vom Jugendkult in der Arbeitswelt dank der zunehmenden Nachfrage nach Fachkräften wird die Generationen einander wieder näherbringen und die Schärfe des Gegensatzes zwischen Alt und Jung mildern.

Krieg der Generationen! Ja, solche Debatten sind ein schönes Beispiel dafür, wie Politik und Meinungsmainstream funktionieren. Katastrophen müssen dräuen, damit man hochmoralisch warnen und mahnen kann, das gibt den Leuten ein schlechtes Gewissen und macht sie fügsam. Den anderen reicht man Zuckerbrot wie etwa das »Elterngeld«, eine Gebärprämie, deren Wirkung zweifelhaft ist. Geld kriegt keine Kinder.[13]

Selten ist die Rede davon, dass man mit dem, was der Fall ist, ja auch schlichtweg vernünftig umgehen könnte. Die Bevölkerung schrumpft? Vor einigen Jahrzehnten wäre das noch eine frohe Botschaft gewesen. Wir werden in besserem Zustand älter? Wunderbar, Menschen mit Erfahrung sind ein unschätzbares Kapital. Und vielleicht würden auch die Frauen wieder mehr Kinder kriegen, wenn sie wüssten, dass sie dann, wenn sie in den Beruf zurückkehren wollen, nicht schon zum alten Eisen gezählt werden.

Das Elterngeld, einst von Familienministerin Ursula von der Leyen eingeführt, damit es mehr Akademiker-Babys gibt, immerhin eine Subvention, die den Steuerzahler seit 2007 15 Milliarden Euro kostete, hat zu einem hübschen Mitnahmeeffekt geführt – Vater, Mutter, Kind machen Urlaub auf Kosten des Staates, wer lässt sich das schon entgehen? Nun soll das Elterngeld bei Einkommen von über 250 000 Euro künftig wegfallen. Nanu? Seit wann sind wir knickerig?

Der Systemfehler des Rentensystems hat mit der Biologie, mit fortpflanzungsunwilligen Frauen, egoistischen Paaren und allzu lebenslustigen Rentnern nichts zu tun. Was Politik erfunden hat, kann sie auch neuen Gegebenheiten anpassen, also: verändern.

Doch das versprechen unsere Politiker nun schon seit Jahren. Stattdessen Eiertanz, unter Rot-Grün ebenso wie unter Schwarz-Rot und Schwarz-Gelb. Wer noch immer auf Angela Merkel als Heldin der Rentenreform hofft, hofft vergebens.

Der mutige Schritt der letzten Kohl-Regierung 1997, zumindest einen »demografischen Faktor« zu berücksichtigen, wodurch das Rentenniveau langsamer gestiegen wäre, wurde von der rot-grünen Bundesregierung 1998 revidiert, bevor noch der Beschluss in Kraft treten konnte. Stattdessen stockte man den Rententopf aus Steuergeldern auf. Später bezeichnete der damalige Bundeskanzler Gerhard

Schröder das als Fehler. 2001 musste Rot-Grün den »Riester-Faktor« einführen, der einen ähnlichen Effekt hatte. Der wurde im Jahr 2004 durch einen »Nachhaltigkeitsfaktor« ergänzt. Ein verwirrendes Geschehen – doch ein zaghaftes Bemühen um eine Anpassung des Systems an die Wirklichkeit war immerhin erkennbar.

Die Große Koalition unter Angela, der Reformerin, machte damit Schluss. Man setzte den »Riester-Faktor« wieder aus, um den Rentnern 1,1 Prozent mehr auszahlen zu können. Für die meisten Rentner war dieser Zuwachs kaum spürbar, doch die Rentenkassen kostete das über eine Milliarde Euro jährlich zusätzlich.

Doch da ging noch mehr, viel mehr. Im Mai 2009 entschloss sich die schwarz-rote Regierung zu einer »Rentengarantie«. Man versprach den Rentnern, die Renten niemals zu kürzen, egal was einmal mit den Löhnen passiert. Dieser politisch verordnete Schutz der gut 20 Millionen Rentner belastete die gesetzliche Rentenversicherung bis heute mit 10 Milliarden Euro.

SPD-Finanzminister Peer Steinbrücks Erklärung für diese verblüffende Maßnahme, die er damals mittrug: »Die Horrorvorstellung, dass 20 Millionen teils hochmobile und mobilisierbare Rentner so kurz vor der Bundestagswahl auf die Barrikaden gehen könnten.« Die Rentengarantie war ein Systembruch und für die nachfolgenden Generationen womöglich nicht das richtige Signal, sagt Steinbrück heute. Es sei um die »Bedienung von Gegenwartsinteressen« gegangen.[14]

Angela Merkels Regierung gönnte sich ein Wahlgeschenk. Vom Anpassen des Systems an die Wirklichkeit war keine Rede mehr. Vielmehr waren mit der »Rentengarantie« die Renten gleich ganz dem politischen Interesse an manipulierbarer Verfügungsmasse unterworfen.

Wie sagte sie noch 2003, als sie kämpferisch eine Senkung des Rentenniveaus verhieß: »Es rächt sich, wenn Politik falsche Weichen stellt. Es rächt sich aber fast noch mehr, wenn Politik zu lange wartet, einmal gemachte Fehler zu korrigieren.«[15]

Was man nicht alles so sagt vor einer Wahl. Politiker daran zu erinnern, wenn die Wahl vorbei ist, sei »unfair« und »ungerecht«, hatte Franz Müntefering einmal gesagt. Angela Merkel saß neben ihm und stimmte zu.[16]

2005 hatten viele nicht nur Hoffnung mit Angela Merkel verbunden, sondern auch mit einer Großen Koalition. Schließlich saßen sie doch alle mit in der Regierung, die alten Kämpen der Agenda 2010, Steinbrück, Gabriel, Müntefering! Und über die Mehrheit im Bundesrat verfügte man auch. Hätte man nicht endlich entschlossen »durchregieren« können?

»Eine kluge Regierungspolitik achtet darauf, die Interessen jener kleiner werdenden Schicht zu wahren, die für alle Sozialausgaben aufkommen muss«, schreibt Giovanni di Lorenzo, der Chefredakteur der »Zeit« und eher unverdächtig, ein »Neoliberaler« zu sein.[17] Von dieser Klugheit ist nichts in Sicht. Erst recht nicht im Bunde mit der FDP, der Partei der Leistungsträger, die Angst hat, mit dem Odium der »Steuersenkungspartei« bedacht zu werden, zumal wenn Angela Merkel die schwäbische Hausfrau gibt, der das Geld ausgegangen ist.

Die Opposition warf der Regierungskoalition jüngst vor, man rechne sich arm, um sich eine »Kriegskasse« für Wahlkampfgeschenke im Jahr 2013 zu sichern. Das lässt darauf schließen, dass man sich bei der SPD mit diesem Verfahren auskennt. Auch sie vergisst bei keiner Wahl die Rentner und andere treue Wählergruppen. Nur an die Steuerzahler denkt keiner. Die sind in der Minderheit und also nicht von Interesse.

Unfreiheit macht unproduktiv. Der Steuerbürger ist durch Regierungshandeln längst zum Leibeigenen geworden, der die Schulden abzubezahlen hat, die andere in seinem Namen gemacht haben – bei Staatsschulden von 1,8 Billionen sind das immerhin 22 000 Euro pro Kopf, Kleinkind und Greis inbegriffen.[18] Er verfügt über kein wirksames Mittel der Gegenwehr. Er hat, und hier muss ich der Kanzlerin einmal zustimmen, keine Alternative. Er hat nämlich nicht die Wahl. Denn wenn er nicht gerade ein Erstwähler ist, dann hat er mehr als einmal erlebt, dass keine Partei, die an die Regierung gekommen ist, anders handelt.

Die Steuerzahlerin aber wünscht sich, was Peter Sloterdijk sich wünscht: »Das große Einzahlen in die Staatskasse als das explizit zu machen, was es in einer demokratischen Gesellschaft de facto immer schon ist: kein Tribut von Unterworfenen an eine immer siegreiche Obrigkeit, auch nicht eine einseitig festgesetzte, mit nebulösen Rechtsformen statuierte Schuld des Steueruntertanen gegenüber dem Leviathan, sondern eine von Einsicht und generösem Beitragswillen getragene aktive Gebeleistung zugunsten des Gemeinwesens seitens einer anteilnehmenden und anteilgebenden Bürgerschaft.«[19]

Steuerzahlen ohne Zwang? Was ist so unvorstellbar daran? Weil der Bürger ohne Zwang ein egoistischer Geizkragen wäre? Oder weil seine Anteilnahme von etwas abhängt, das jeder in der Geschäftswelt normalerweise erwarten kann, der Geld und Leistung investiert: von einer ehrlichen Offenlegung der Bilanzen?

Wie sagte Merkel noch, bevor sie Tina wurde: »Am Ende des Weges müssen die Menschen wissen, dass konkrete Anstrengungen konkrete Gegenleistungen bringen.«[20]

Das wissen sie bis heute nicht.

Hallo, Frau Merkel? Hallo???

Irrtum 3: Mut zu Deutschland

Deutschland – das sind dichte Fenster, sagte Angela Merkel einmal auf die Frage, welche Empfindungen das Land in ihr wecke.[21] Soll heißen: Hier zieht's nicht, aber es mieft schon mal. Lässt sich wahre Heimatliebe treffender zusammenfassen? Oder ist das dann doch ein bisschen wenig Empathie für eine Bundeskanzlerin?

Ich weiß noch: Ich fand die Bemerkung damals witzig. Irrtum: Sie ist nicht witzig. Sie entspricht dem Niveau, auf dem wir regiert werden: Kindergarten oder Altenheim. Die haben es auch gern dicht.

Trotz wachsender Frustration und ausbleibender Reformpolitik ist Deutschland ein wohlhabendes Land. Es hat die jüngste Finanzkrise gut überstanden, nicht zuletzt dank der Lohnzurückhaltung der Arbeitnehmer. Die Wirtschaft boomt, Deutschland ist der Wachstumsmotor Europas. Und die Krise des Euros zeigt, dass ein starkes Deutschland gebraucht wird, das seine Rolle ausfüllt. Doch damit tun wir uns noch immer schwer.

Die Deutschen wollen nicht stark sein. Viele, vor allem von den älteren 68-Sozialisierten, fänden es nicht weiter schlimm, wenn das Land sich einfach auflöste und in Europa aufginge. Auch unsere Nachbarn und ehemaligen Kriegsgegner möchten Deutschland eingebunden sehen, eingefriedet, unschädlich gemacht. Die »deutsch-französische Freundschaft« ist in ihrem Kern nichts anderes als ein Bündnis, das auf Misstrauen beruht.

Ein Europa aber, das ohne Nationalstaaten (und nationale Wirtschaften) auskäme, gibt es nicht und wird es womöglich auch nie geben. Und deshalb ist es nicht ganz unbedeutend, wie »Deutschland« sich fühlt. Depressives Grübeln über seine Vergangenheit ist nicht auf dem Niveau der Probleme. Und sein Verschwinden auch nicht: Das Land wird gebraucht, mit seinen Stärken, nicht mit seinen Sensibilitäten.

Insofern möchte man dankbar sein für eine Bundeskanzlerin, deren Bild von Deutschland nicht angekränkelt wirkt von der drückenden Last der Geschichte. Nein, Angela Merkel hat kein Problem mit Deutschland. Und erst recht nicht damit, von »Deutschland« zu reden. Im Gegenteil. Deutschland zu sagen scheint für sie eine Art Widerstandshandlung zu sein, weil man das früher, in der DDR, nicht sagen durfte.[22] Die DDR selbst sei nie ihr »Heimatland« gewesen.

Paradox. Gemeinhin sehen nur Neonazis das »Deutschland!«-Rufen als Widerstandsakt an. Doch Angela Merkel fehlt jedes nationale Pathos, bei ihr bekommt »Deutschland« tatsächlich etwas Beiläufiges, Unpathetisches, etwas Normales. Und das, obwohl es in der DDR galt, das Wort davor zu bewahren, aus dem Sprachgebrauch zu verschwinden.

Das aber ist auch heute noch nötig. »Ich will, dass deutsche Interessen wieder beachtet und geachtet werden«, hat sie an gleicher Stelle gesagt, und da konnte man ihr nur zustimmen.[23] Und »Ich will Deutschland dienen«, versprach sie nach ihrer Nominierung als Kanzlerkandidatin. Gewiss, denn so heißt es ja auch im Amtseid von Bundeskanzler und Bundespräsident: »Ich schwöre, dass ich meine Kraft dem Wohle des deutschen Volkes widmen, seinen Nutzen mehren, Schaden von ihm wenden werde.«[24]

Das gilt im Übrigen überall auf der Welt als unanstößig – nur in Deutschland nicht. Das Wohl des deutschen Volkes? Sollte man nicht besser von Bevölkerung sprechen? Und wieso deutsch? Und – Interessen? Ökonomische gar?

Das politisch korrekte Milieu in Deutschland reagiert bei diesen Fragen überaus empfindlich. Das bekam Bundespräsident Horst Köhler zu spüren. Er sprach in einem Interview nach der Rückkehr von einer Reise nach Afghanistan davon, dass auch militärischer Einsatz nötig sein könne, »um unsere Interessen zu wahren« – und darüber müsse man diskutieren. Diesen Beisatz vernahm schon niemand mehr. Man hörte lediglich, dass der erste Mann im Staat deutsche Interessen mit dem Kanonenboot verteidigen wolle. Dabei hatte er nur das Offensichtliche ausgesprochen.[25]

Wir wissen: Köhler nahm den Medienwirbel über das Interview zum Anlass, seinen Rücktritt zu verkünden – die Kritik an ihm lasse den notwendigen Respekt für sein Amt vermissen. Was wir nicht wissen: War das der wahre Grund für die geradezu überstürzte Demission?

Vielleicht sah er das Wohl des Volkes nicht nur auf fernen Ozeanen, sondern gleich nebenan bedroht: im Berliner Reichstag und im Bundeskanzleramt. Denn kurz vor seinem Rücktritt hatte er ein in Windeseile durch alle Instanzen gepeitschtes Gesetz unterschreiben müssen, das dem Wohl der Deutschen eher nicht zuträglich war. Das hat ein Finanzexperte wie er gewiss schneller durchschaut als der einfache Abgeordnete – ganz zu schweigen von mir als einfacher Steuerzahlerin.

Es war das Euro-Stabilisierungsgesetz, rund 150 Milliarden Euro deutsches Steuergeld wert, das Horst Köhler am Abend des 21. Mai unterzeichnen musste, nachdem es von Bundestag und Bundesrat im Eilverfahren durchgewinkt worden war. Darin hieß es: »Künftig soll es möglich sein, auf Vorschlag der Kommission Mitgliedstaaten unter bestimmten Bedingungen finanziellen Beistand der Union zu gewähren.«[26] Unter Punkt C »Alternativen« stand: keine.

Damit war die No-Bail-out-Klausel aus dem Maastricht-Vertrag Makulatur, die den EU-Nationen verbot, die Schulden einer anderen Nation zu bezahlen. Europa war auf dem Weg in eine Transfergemeinschaft – ein Vertragsbruch, der in der Tat den Charakter eines Putsches und den Beigeschmack von Untreue hat.[27] Dem »Wohl des Volkes« konnte das schwerlich gedient haben. Dem deutschen Interesse auch nicht.

Schade, dass Horst Köhler sich dazu nie geäußert hat. Denn sollte er wirklich zurückgetreten sein, weil er sich nicht ein weiteres Mal an deutschen Interessen vergehen wollte und hätte er das pointiert öffentlich gemacht, dann wären dem Amt Glanz und eine neue Bedeutung zugekommen.

Und wir hätten vielleicht eine vernünftige Diskussion bekommen über die Verwandlung der No-Bail-out-Klausel in eine No-Way-out-Klausel. Stattdessen hört man nur die altvertraute Weise von all den höheren Zielen und Werten, denen man Opfer bringen müsse, von unserer historischen Verpflichtung, vom Frieden, der deutsch-französische Freundschaft usw. usf.

Wer Verschwörungstheorien liebt, sollte sich die folgende Geschichte durch den Kopf gehen lassen: Am Tag, an dem es um diese 150 Milliarden Euro deutscher Steuergelder ging, am 9. Mai 2010, als in Brüssel über das Euro-Stabilisierungsgesetz verhandelt wurde, war Kanzlerin Merkel nicht anwesend. Sie war nach Moskau geflogen, stand neben Putin auf einer Tribüne am Roten Platz und ließ die Militärparade an sich vorbeiziehen, mit der man in Moskau den Sieg der Sowjetunion über das Deutsche Reich zu feiern pflegt. Berlusconi und Sarkozy hatten ihre Teilnahme wegen der Griechenland-Krise abgesagt.

Die deutschen Interessen sollte anstelle der Kanzlerin Finanzminister Wolfgang Schäuble vertreten. Doch der erlitt eine allergische Reaktion und musste ins Krankenhaus. Erst am Abend übernahm Innenminister Thomas de Maizière die Leitung der Delegation.

Der französische Staatspräsident Sarkozy und Finanzministerin Christine Lagarde sahen die Chance und nutzten sie.

Für alle, die Sinn für Ironie haben: In Moskau siegte Merkel mit der Roten Armee über Deutschland[28], und in Brüssel nahm Frankreich Rache für Sedan. Und für Ersatz für die deutschen Reparationszahlungen im Gefolge des Ersten Weltkriegs, die seit September 2010 abgeleistet sind, ist nun auch gesorgt. Ach, es fällt schwer, sich den vielfältigen historischen Konnotationen zu entziehen.

Lautete die Botschaft dieser russisch-französischen Allianz womöglich, auch Deutschland dürfe sich heute als Sieger des Zweiten Weltkriegs fühlen – für einen gewissen Preis?

Scherz beiseite. In Deutschland, dem Land der Kultur gegen die schnöde Zivilisation, der Seele gegen den Krämergeist, galt das bloße »Interesse« immer als anrüchig. Nach Hitler natürlich verschärft, der seine Verbrechen mit dem »Interesse Deutschlands« gerechtfertigt hatte. Mit »deutschen Interessen« darf man uns also nicht kommen, da muss es schon um mehr gehen.

Also neigt man in diesem Land dazu, alles, was praktisch geboten ist oder zwangsläufig erscheint, mit moralischen Imperativen aufzurüsten. Für eine Beteiligung an der Intervention in Kosovo etwa musste während der rot-grünen Koalition »Auschwitz« herhalten, das es zu verhindern gelte. Höher kann man hierzulande nicht greifen. Wer sich auf Auschwitz beruft, macht sich unantastbar.

Und darin liegt auch das Problem. Wer sich mit der Menschheit, der Natur, den ganz großen Dingen verbündet, verzerrt den politischen Wettbewerb. Dass man »im

Gattungsinteresse« handle, war einst das Argument der Schwachen – etwa der noch jungen Arbeiterbewegung im 19. Jahrhundert, die ihr Anliegen zum Menschheitsanliegen erklärte, das sich dem Streit partikularer Interessen entziehe. Das ist anmaßend, doch noch nicht gefährlich. Wenn aber Goliath behauptet, für die Menschheit zu stehen, ist das totalitär.

Der Anspruch auf die höhere Moral hat nicht selten den Charakter einer Erpressung. Und genau deshalb ist dieser Alleskleber so beliebt. Er hilft in allen Lebenslagen, vor allem wenn es an Argumenten fehlt. Er reklamiert übergeordneten Notstand: Wenn das Menschenrecht in Gefahr sei, müsse das förmliche Regelwerk auch schon mal Federn lassen – so oder so ähnlich argumentierten insbesondere deutsche Regierungsvertreter in Sachen Kosovo.

Und so versuchen es jetzt auch wieder manche Europapolitiker. Für das übergeordnete Ziel, ein geeintes Europa, das immerwährenden Frieden garantiere, müsse Deutschland seine Interessen hintanstellen und den Zahlmeister für undisziplinierte Bundesgenossen abgeben. Am besten bedingungslos. Unsere »Verpflichtung vor der Geschichte« lässt freundlich grüßen.

Das ist die moralische Falle, in die wir gern tappen. Wieder und immer wieder. Denn »Interesse«, diese durchaus übersichtliche und menschenfreundliche Angelegenheit, ist nur dann nicht leicht zu definieren, wenn es sich ums »deutsche Interesse« handelt. Denn dann müsste man ja wissen, was Deutschland ist und was dem Wohle des deutschen Volkes dient.

Leider reicht es nicht, alle vier Jahre wieder bei einer Fußballweltmeisterschaft die deutsche Fahne zu schwingen, so sympathisch mir das wäre. Angie wusste das: »Deutsche, insbesondere Deutsche in den alten Bundesländern«, erklärte sie vor Jahren ihrer Biografin Evelyn Roll, »haben ja ein sehr verklemmtes Verhältnis zu der Frage, ob wir unser Heimatland lieben dürfen. Die gewaltige Integrationsleistung, die das Einwandererland Deutschland aber leisten muss (...), kann man nur von Bürgern erwarten, die sich über ihre eigene nationale Identität im Klaren sind.«

Wie recht sie hatte. Doch Tina scheint das vergessen zu haben.

Respekt kann nur erwarten, wer sich selbst respektiert. Das ist eine Banalität, die nicht nur für Menschen, sondern auch für Staaten gilt. Nur irgendwie nicht für Deutschland. Nicht nur Politiker, auch die Deutschen selbst scheinen ihr Land stets misstrauisch zu mustern, ob da womöglich wieder einer in alte Unarten zurückfällt. Nötige Diskussionen werden im Keim erstickt, sobald jemand »Diskriminierung« zu wittern glaubt – anderer durch Deutsche natürlich, nicht umgekehrt. Obwohl das Wort doch nichts anderes heißt als: Unterscheidung. Also werden Unterschiede vorsichtshalber geleugnet. Die angestaute Frustration darüber hat sich in der Sarrazin-Debatte Bahn gebrochen, wie ich in Kapitel 1 beschrieben habe, mit einer zuvor nicht gekannten Vehemenz.[29]

Alles nur »Wutbürger«, frustrierte Alte, rückwärtsgewandt und voller Hass, wie es eine bösartige Philippika von Dirk Kurbjuweit, Ressortleiter beim »Spiegel«, nahelegt?[30] Da ist sie wieder, die Sprache der moralischen Überlegenheit – die Sprache der Respektlosigkeit.

Nein: Die anderen müssen uns nicht lieben. Sie sollen uns natürlich auch nicht fürchten. Es wäre völlig ausreichend, wenn sie uns respektierten.

Doch wer respektiert werden will, braucht Selbstachtung. Warum, zum Teufel, sollten andere Respekt vor einem Land haben, in dem die Menschen fürchten, als ausländerfeindlich und rassistisch zu gelten, wenn sie primär an die eigenen Wertvorstellungen und erst danach an den Ramadan denken? In dem niemand Grenzen zieht und überall der Kuschelfaktor dominiert? In dem »Leistungsträger« verachtet und »Leistungsempfänger« heilig gesprochen werden? Und in dem man glaubt, Bildung sei durch mehr Geld zu bekommen und nicht vielmehr durch eine Umgebung, in der Produktivität, Leistung und Herausforderung den Alltag bestimmen – kurz, in der gearbeitet wird?

Das Problem ist noch immer die »deutsche Angst«, das windelweiche deutsche Selbstbewusstsein, der vom Meinungsmainstream gehätschelte Schuld- und Minderwertigkeitskomplex, der mangelnde Behauptungswille, das beständige Zurückweichen vor dem Konflikt zwischen »ihr« und »wir«. Den aber gibt es, ob wir wollen oder nicht. Souverän ist, wer sich seiner selbst sicher ist. Deutschland hatte seine Souveränität erst der Form nach zurückgewonnen.

Ja, ich hatte gehofft, gerade Angela Merkel würde uns

nicht nur das schuldbeladene Deutschland zurückspiegeln, zumal dieses Land ja nicht nur Wertarbeit beim Fensterbau zu bieten hat. Ich hatte auf ihre größere Unbefangenheit gesetzt. Auch das – ein Irrtum.

Natürlich ist und bleibt es die Vergangenheit, die uns befangen macht. Der »Holocaust«, die Vernichtung der Juden durch die Nazis, ist nachgerade zum Gründungsmythos der alten Bundesrepublik geworden: Dass die Bundesrepublik die Rechtsnachfolgerin des Deutschen Reichs ist, ist neben der juristischen auch eine »mentale« Tatsache. Viele, auch von der jüngeren Generation, sehen sich nicht nur in der Verantwortung, sondern auch in der Schuld.

Das gilt womöglich nicht im gleichen Maß für den Osten Deutschlands. Dort hatten sich nicht wenige die von der SED genährte Vorstellung zu eigen gemacht, mit dem Sozialismus habe man den besseren Teil, das »antifaschistische« Deutschland gewählt und sich von der blutigen Vergangenheit reingewaschen. Eine »Aufarbeitung« der Vergangenheit ersparte man sich; behelfsmäßig wurde behauptet, die Nazis seien alle im Westen untergekrochen. Die Vernichtung der Juden galt als ein Naziverbrechen unter anderen und spielte eine entschieden weniger große Rolle als der Blutzoll der Roten Armee. Auch die quälende Auseinandersetzung mit der Frage von Schuld und Verantwortung ersparte die SED-Ideologie der Bevölkerung. Das an sich gute deutsche Volk sei verführt worden.

Während die Westdeutschen die Schuld erbten, verloren die Ostdeutschen (nur?) ihre Freiheit.

Die Attraktivität der neu gewonnenen Freiheit ist heute verblasst, ja es scheint mittlerweile einen Konsens zwischen Ost und West zu geben: »Soziale Sicherheit« spielt im Wertekanon aller die größte Rolle. Damit ist das Geschenk entwertet, das freiheitsdürstende DDR-Bürger 1989 ja auch den Westdeutschen gemacht haben. Ihr Mut und ihr Freiheitswillen gaben den Anstoß für den Fall der Mauer. Und sie standen dabei auf den Schultern anderer, die mit Ungarn 1956, Prag 1968 und der Solidarność 1981 verbunden sind.

Dennoch ist nicht der 9. November 1989 zum neuen Gründungsdatum geworden. Den Tag der Deutschen Einheit ausgerechnet an diesem Tag zu feiern, verbot, so scheint's, die Pietät. Am 9. November 1938 begann ein vom NS-Staat organisierter Angriff auf die Juden in Deutschland, eine »Maßnahme«, die der Volksmund »Reichskristallnacht« nannte, im Spott über das staatlich Durchorganisierte des »spontanen Volkszorns«. Dieses Ereignisses wegen kam der 9. November nicht infrage, man fürchtete, die Judenvernichtung würde durch den neuen Gedenktag als Gründungsmythos abgelöst, ja durch die Feier des Positiven verdrängt werden.

Verbot es sich wirklich? Ist nicht der Sieg der Freiheit über die Diktatur das einzig angemessene Siegel auf dem Beschluss, nie wieder solche Verbrechen zuzulassen? Wäre das nicht Grund gewesen für ein bisschen deutschen Stolz, für ein wenig Emphase, für eine Feier des größten Menschenrechts: die individuelle Freiheit?

Doch schon die Debatte über die Frage, ob Deutschland

sich angesichts seiner Vergangenheit überhaupt wiedervereinen dürfe, offenbarte 1989 ein schräges Geschichtsbild.

Zu diesem Geschichtsbild gehört die These, ein aggressiver preußisch-deutscher Nationalismus, der sich in der Gründung eines Nationalstaats der Deutschen durch Bismarck bestätigt habe, liege an der Quelle des Unheils. Aus dieser Spielart eines negativen Nationalismus, der an die schlichte Weltsicht in den weiland aus der DDR in die Bundesrepublik importierten Geschichtsbüchern erinnert, speiste sich die Überzeugung, die 1989 nicht nur bei deutschen Dichtern, sondern auch beim späteren Außenminister Joschka Fischer reflexhaft hochschwappte: die Überzeugung nämlich, die Teilung Deutschlands sei die gerechte Strafe der Alliierten für Auschwitz. Und deshalb dürfe es keine Wiedervereinigung geben.

Eine solche Strafe allerdings sieht kein Kriegsvölkerrecht vor, nicht damals und nicht heute. Diese Geschichtsdeutung käme also dem Vorwurf an die Alliierten gleich, sie hätten sich 1945 in Siegerattitüde völkerrechtswidrig verhalten. Nicht Schuld, sondern die Macht des Faktischen war ursächlich für die deutsche Teilung. Erst hatten die Westalliierten einen großen Teil des deutschen Reichsgebiets Stalins Zugriff überlassen. Und dann, mit dem aufbrechenden Antagonismus zwischen dem Westen und der Sowjetunion, versuchte man wenigstens die Besatzungszonen der Westmächte zu halten, statt ein vereintes Deutschland gleich ganz dem Gegner zu überlassen.

Insbesondere in Westdeutschland aber legte man sich die deutsche Teilung als Sühne zurecht, mit einer bemerkenswerten Missachtung der Tatsache, dass ja die Menschen in der DDR die Zeche für die Befreiung durch die Rote Armee weitgehend allein zu zahlen hatten. Nach der ersten Rührung über den welthistorischen »Wahnsinn«, der sich an einer Grenze abspielte, die manch einer für ewig hielt, dominierte bald wieder die reflexartige Abwehr einer »Wiedervereinigung«, die einigen noch kurz vor dem Mauerfall als »Lebenslüge« erschienen war (Willy Brandt, Gerhard Schröder), als »reaktionär und höchst gefährlich« bzw. »opportunistisch und widerwärtig«[31].

Und als es dann doch zu dieser Widerwärtigkeit kam, durfte man sich erst recht nicht allzu sehr freuen. Vor allem die Ossis nicht, die sich mit ihrem »pausbäckigen DM-Nationalismus« nicht nur bei Jürgen Habermas unbeliebt gemacht hatten. Schließlich: So großartig sei das »Geschenk« der Demokratie ja nun auch wieder nicht (Günter Gaus).

Die intellektuelle Bundesrepublik warnte vor sich selbst. Man hatte mit »Deutschland« nichts vor. Im politisch korrekten Teil Westdeutschlands sprach man schon lange von »BRD«, ganz so, wie es die SED sich wünschte. Und 1990? Und nach der wiedergewonnenen Souveränität? Ich erinnere mich noch gut an die Mahnung einer sozialdemokratischen Historikerin, angesichts der deutschen Einheit jetzt bloß nicht in die Rede von »Deutschland« zu verfallen.

Auch hier also wieder ein semantisches Problem. Bedeutete »Deutschland« jene Normalisierung, hinter der man die Relativierung der deutschen Verbrechen vermutete? Ließ die wiedergewonnene Souveränität des Landes einen neuen Ton bei Festtagsreden befürchten, ein »dumpfes« Gewaber und Geraune, den trüben Ton des Nationalen?

Noch Ende 2000, als Friedrich Merz den Begriff einer deutschen »Leitkultur«[32] aufgriff, erntete er einen Proteststurm der meinungsbildenden Klasse. Der Versuch, so etwas wie eine deutsche Identität zu formulieren, ein Fundament, ein Gemeinsames, von dem man erwarten konnte, dass auch Zugewanderte es beachten, wurde umgehend als »rechts« markiert und unter anderem von Kammerjäger Habermas erledigt. Was bei anderen Nationen selbstverständlich ist, was jeder deutsche Tourist zu lernen hat, nämlich dass man die Sitten und Gebräuche des Gastlandes respektiert, dieses einfache Gesetz der Höflichkeit – auch das gerät bei uns sofort zu einem Streit um die Weltanschauung.

Da hatte Angela Merkels »Deutschland« als kleiner Protest etwas Erfrischendes, Unkompliziertes. Sie traf mit diesem eher schlichten Bekenntnis den richtigen Ton: nicht weihevoll, eher beiläufig, aber auch nicht so miesepetrig wie die politisch Korrekten, von deren mürrischem Werterelativismus sie nicht angekränkelt zu sein schien.

Vielleicht habe ich mich geirrt, als ich ihre Unbefangenheit für kalkulierte Tugend hielt. Vielleicht ist ihr nur nichts Besseres eingefallen.

Doch das ist zu wenig für dieses Land, deren Bürger derzeit, trotz Eurokrise, mit großer Zuversicht in die Zukunft blicken. Vielleicht, weil sie selbst am besten wissen, was sie von ihrer Leistungsfähigkeit zu halten haben: viel. Und eher wenig von der ihrer Repräsentanten. Die politische Elite verkennt die Lage: Die Deutschen sind selbstbewusster geworden, ganz ohne dabei »hässlich« zu werden.

Unbefangenheit ersetzt nicht jene große Geste, die benachbarte Staatsmänner zur Verfügung haben, wenn es ans Eingemachte geht. Und erst recht nicht jenen Zauber, den Tradition, Rituale, Selbstfeier vermitteln können. Braucht man die? Ich glaube schon. Sie helfen, wenn es um gemeinsame Anstrengungen geht.

Ohne Wir-Gefühl fühlt sich der Steuerbürger als Beutetier. Ohne gemeinsame Vision glaubt er sich ausgenutzt – von einem Staat, dem er ein Gutteil des Erarbeiteten überlässt, und der das nicht würdigt. Und dessen Repräsentanten kein Ziel vermitteln, auf das man sich gern verständigt – nicht nur mit gleichgültiger Ergebenheit ins angeblich Alternativlose, sondern mit innerer Überzeugung.

Auch in der gar nicht mehr so bürgerlichen Mitte entsteht eine Parallelgesellschaft, die sich ihre Idee eines Lebens von Bedeutung selbst gibt. Denn von der politischen Kaste und der Bundeskanzlerin hat sie diesbezüglich nichts zu erwarten.

Was ist Deutschland denn? Mehr als ein Verbund von Steuerzahlern. Mehr als ein bloßer Ort für das Nebeneinander der Menschen und Kulturen. Es gehört ein ganzer historischer Raum dazu, der sich mit dem Fall des Eisernen Vorhangs wieder geöffnet hat. Landschaft. Architektur. Die fast schon versunkenen alten Städte und Stätten und Landschaften im Osten. Traditionen. Mythen. Märchen, mindestens so exotisch wie Tausendundeine Nacht.

Geschichte, die nicht nur jenes dreckige Dutzend Jahre unter Hitler umfasst.

Und eine Bevölkerung, die etwas Besseres verdient hat als schulmeisterliches Mahnen und Warnen. Deutschlands Problem ist nicht zu viel Selbstgewissheit oder gar »Stolz«, sondern zu wenig von alledem. Das Unbehagen, das viele hierzulande angesichts radikaler muslimischer Abgrenzung empfinden, hat nichts mit »Islamophobie« zu tun. Es wird nicht durch das Minarett hervorgerufen, auf dem einige muslimische Gemeinden bestehen und an deren Anblick man sich, wie Angela Merkel lapidar meint, mal langsam gewöhnen solle. Noch nicht einmal die Minderheit der wirklich unangenehmen muslimischen Fundamentalisten oder Machos ist das Problem.

Ihr »Verdienst« ist lediglich, dass sie den durch historische Schuld (und nicht nur durch den deutschen Pass) verbundenen Deutschen schmerzhaft deutlich gemacht haben, als was für traurige Gestalten sie dastehen. Wie lächerlich das ist, wenn Deutschland noch 65 Jahre nach Weltkriegsende, als Rückgrat Europas, als Zahlmeister von UNO oder UNESCO, gebeugten Rückens und mit dem Selbstbewusstsein eines rückfallgefährdeten Straftäters durch die Weltgeschichte stolpert, jeder Zeit darauf gefasst, auf immer weggesperrt zu werden.

Nein, ich verlange keine Visionen, wir wissen ja mit Helmut Schmidt: Wer Visionen hat, sollte zum Augenarzt gehen. Doch es wäre schön, Angela Merkel fiele zu ihrem Reich und ihren Leibeigenen mehr ein als dichte Fenster, Kartoffelsuppe und Uckermark.

Wahrscheinlich würden schon ein bisschen Tätscheln und ein paar gute Worte helfen. Wer will schon die Schweißhunde des Meinungsmainstreams mit allzu vaterländischen Vokabeln aufschrecken.

Also, was soll ich sagen? Nur Mut.

Irrtum 4: Versöhnung

»Die Menschen in Deutschland werden Ungarn nicht vergessen, welchen Beitrag es geleistet hat dafür, dass wir heute alle in Freiheit leben können«, sagte die Kanzlerin 2009 zum 20. Jahrestag des »Paneuropäischen Frühstücks« im August 1989 in Ungarn. Ungarn habe dem Freiheitswillen von Deutschen aus der damaligen DDR Flügel verliehen.

Die Westdeutschen vergessen derlei leider schnell. Dass Angela Merkel mehr als sie von Osteuropa versteht, ist ein Glücksfall. Sie weiß, was die »Befreiung« durch die Rote Armee für die Länder des Ostblocks hieß: Sie kamen vom Regen in die Traufe.

Und deshalb, dachte ich, kann man sich sicher fühlen vor dem fast unterwürfigen Wohlwollen, das man lange Jahre insbesondere in den Reihen der SPD der Sowjetunion entgegengebracht hatte und das manch einer aufs neue Russland zu übertragen scheint, diesem Reich des »lupenreinen Demokraten« Putin, einer Einschätzung, gegen die ein Bundeskanzler namens Gerhard Schröder 2004 nichts einzuwenden hatte.

Und man konnte, dachte ich, darauf vertrauen, dass sie die unter kommunistischer Ägide gepflegten nationalen Mythen der Nachbarn nicht schuldbewusst hinnehmen würde, sondern Augenhöhe anstrebte. Darauf jedenfalls ließ ihre Unterstützung des von der Parteifreundin Erika Steinbach betriebenen Projekts eines Zentrums gegen Vertreibung schließen, eine Unterstützung, die sie immer wieder bekräftigte, zuletzt im Frühjahr 2010. Ohne Folgen: Sie überließ es schließlich Außenminister Guido Westerwelle, der polnischen Regierung den Kopf der »blonden Bestie« auf dem silbernen Tablett zu servieren. Fein war das nicht. Vor allem war es unnötig.

Man ist geneigt, es auf den ostdeutschen Erfahrungshintergrund Angela Merkels zurückzuführen, dass sie anfangs Wladimir Putin auf Distanz hielt – das jedenfalls suggeriert das Bild von ihrem Besuch in Russland Anfang 2007, auf dem sie fast verschüchtert neben Putin sitzt. Im Vordergrund ein großes schwarzes Tier, vor dem sie sich in ihren Sessel zu verkriechen scheint: Koni, der ebenso kräftig wirkende Hund des Muskelpakets Putin. Die Botschaft habe ich gern gelesen: Die tapfere Kanzlerin zu Besuch am Hof des Zaren zeigt trotz der Drohung mit der Bestie Mut.

Was ja stimmte: Im Unterschied zu ihrem Vorgänger hatte sie bereits bei ihrem Antrittsbesuch im Januar 2006 mit Oppositionellen gesprochen und Putin an Bürgerrechte und Pressefreiheit erinnert. Ihre Kritik am jüngsten Urteil gegen Michail Chodorkowski, des von Putin kaltgestellten einstigen Rivalen, im Dezember 2010 war deutlich: »Es bleibt der Eindruck, dass politische Motive bei diesem Verfahren eine Rolle gespielt haben«, erklärte sie. Rechtsstaatlich sei das nicht.

Eine gewisse Distanz zu Russland ist nicht nur politische Hygiene, es ist auch ein Angebot an die kleineren und mittleren osteuropäischen Länder, vor allem an Polen. Angela Merkels Freundschaft mit George W. Bush wurde womöglich nirgends so gut verstanden wie dort, dem Land von Solidarność, wo man die Emphase schätzte, mit der der amerikanische Präsident die Freiheit beschwor.

Das Einzige, was zwischen Deutschland und Polen steht, neben der deutsch-russischen Gaspipeline, die man in Polen nicht mag, schien lange Zeit Erika Steinbachs Projekt zu sein. Selbst dann noch, als es, mehrfach abgeschwächt und abgesichert, die Vertreibung der Deutschen als Fall unter anderen thematisierte und die Rolle des Bundes der Vertriebenen unbedeutend geworden war.

Als Angela Merkel noch Angie war, hatte sie sich eindeutig hinter das »Zentrum gegen Vertreibung« gestellt.[33] »Die Vertreibung war und ist eine gesamtdeutsche Tragödie.«[34] Doch nach langem politischem Gezänk wurde aus Steinbachs einst auch vom Sozialdemokraten Peter Glotz initiierten Projekt Ende 2008 die »Stiftung Flucht, Vertreibung, Versöhnung«, die eine Quadratur des Kreises bewerkstelligen sollte: nämlich »im Geiste der Versöhnung die Erinnerung und das Gedenken an Flucht und Vertreibung im 20. Jahrhundert im historischen Kontext des Zweiten Weltkrieges und der nationalsozialistischen Expansions- und Vernichtungspolitik und ihren Folgen wachzuhalten«. Im Stiftungsrat waren daher auch polnische, ungarische und tschechische Historiker vertreten, sozusagen als Berstschutz gegen die vermutete deutsche Neigung, die eigenen Opfer gegen die der anderen »aufrechnen« zu wollen.

Das konnte nicht gut gehen, und es ging auch nicht gut. Einer der aus dem Stiftungsrat ausgeschiedenen polnischen Historiker hat auf den Punkt gebracht, warum das Stiftungskonzept unsinnig war. In diesem Projekt gehe es offenbar um »die Versöhnung der Deutschen mit sich selbst«, erklärte Tomasz Szarota. »Und da kann ich als Pole nicht helfen.«

Recht hat er. Man hätte es ihm gar nicht erst zumuten sollen. Die Beschäftigung mit Flucht und Vertreibung Deutscher ist ein deutsches Anliegen. Warum man die Deutschen damit nicht alleinlassen kann, warum daraus Revanchismus folgen soll, Relativierung, Verdrängen, Vergessen, wie vor allem Deutsche vermuten, ist nicht recht einzusehen. Denn wir können uns in Deutschland auf eines immer verlassen: Wir sind noch stets unsere schärfsten Richter.

Muss man denn aber hinnehmen, dass die auch bei uns ungeliebte Erika Steinbach kaltgestellt wird und das schwierige Projekt vor sich hinsiecht, weil das der »Versöhnung« mit Polen dient? Mir scheint das eine Schutzbehauptung zu sein. Ganz klar: Auf die polnischen Nachbarn muss es den Deutschen mit Verstand *und* Gefühl ankommen. Was sich bereits jetzt zwischen Deutschen und Polen bewegt, »unten«, dort, wo sie sich als Nachbarn begegnen, dürfte für Europa beispielhaft werden. Wer sich auch nur wenige Tage in einer Stadt wie Breslau aufhält – in Schlesien, einem der »wiedergewonnenen Gebiete« also, wie es die kommunistische Sprachregelung wollte –, spürt etwas Neues heranwachsen. Die Polen sind sich der deutschen Geschichte und Kultur solcher Orte bewusster als die Deutschen selbst, die sich erfolgreich um Vergessen bemüht haben.

Ich glaube, dass der Konflikt um das »Zentrum gegen Vertreibungen« nicht vor allem der Rücksicht auf polnische Interessen geschuldet ist, sondern deutsche Ambivalenzen ausdrückt. Mit der klaren Unterscheidung zwischen Gut und Böse lässt sich leichter leben als mit einem Schattenreich, in dem gleich gar nichts leuchtet.

Keine historische Wahrheit kann Schuld und Verbrechen relativieren. Deshalb muss man sie auch nicht verschweigen. Was nicht heißt, dass dieses Schweigen in der Vergangenheit nicht seine guten Gründe hatte. Dass die Deutschen ihre Schuld nach dem Zweiten Weltkrieg schließlich ohne Abstriche angenommen haben, ist und war ein wichtiger friedensstiftender Faktor – auch für den inneren Frieden der ehemaligen Opfer und Kriegsgegner.

Denn solange Deutschland das absolut Böse verkörperte, konnte man Selbstbefassung und Selbsterkenntnis aufschieben und die Wunden heilen, die nicht nur die deutschen Besatzer, sondern auch die Kollaborateure und Antisemiten in den besetzten und bekämpften Ländern hinterlassen haben. Ebenso wie die gnadenlosen Rächer danach, die oft dieselben waren. Die klare Unterscheidung zwischen Täter und Opfer, ohne die Schatten der Differenzierung, ersparte den Bürgerkrieg nach dem Krieg.

Doch in der Sowjetunion und im sogenannten »Ostblock« war die klare Unterscheidung von Tätern und Opfern auch strategisch wichtig. Dass sie auf der richtigen Seite gewesen seien und einen guten Krieg ausgefochten hätten, sollte die eingemeindeten Völker für die Tatsache entschädigen, dass sie von der einen Unfreiheit in die nächste geraten waren. Dieser schwache Trost hat sich mit dem Ende des Kalten Kriegs erledigt.

Die Deutschen haben ihre Geschichte aufgearbeitet und stehen zu ihrer Schuld. Andere können das ebenso, weshalb wir es ihnen auch nicht ersparen müssen. Längst gibt es eine wache und selbstkritische polnische Öffentlichkeit, die, bei aller Empathie für das Schicksal des eigenen Landes, den Satz »Vertreibung ist immer Unrecht« unterschreiben würde, den Guido Westerwelle formulierte, als er noch nicht Außenminister war. Dort braucht man womöglich gar kein Versöhnungsangebot, das mit der Brüskierung eines der Versöhnungspartner beginnt.

Auch in Polen ist man vielerorts längst weiter, als seine politische Elite erkennen lässt. Und deshalb ist es nicht nur Rücksicht, sondern ebenso Anmaßung, das Land, so vielfach gebeutelt, betrogen, um sein Recht und um seine Freiheit gebracht, auf die Rolle des bloßen Opfers zu reduzieren. Die Wahrheit ist den Menschen zumutbar – das wissen, mit Verlaub, nicht nur die Deutschen. Auch wenn die Wahrheit wehtut.

Und sie tut weh. In Polen haben die Untersuchungen über ein polnisches Pogrom an der jüdischen Bevölkerung in Jedwabne ebenso für Streit und Bestürzung gesorgt wie

Berichte über Verbrechen an Deutschen während Flucht und Vertreibung. Und nur langsam löst man sich von der Formel, Schlesien und Pommern seien »wiedergewonnene Gebiete«, hätten also immer schon zu Polen gehört (womit man sich um die rechtliche Seite der polnischen Besetzung nicht mehr kümmern musste). In einer Stadt wie Breslau kann man heute beobachten, dass man in Polen die ganze Geschichte annimmt – auch die deutsche.

Auch in Tschechien werden Massengräber mit deutschen Toten gefunden. Ein Kinofilm, der das Schicksal der Sudetendeutschen nach 1945 zeigt, gedreht von Juraj Herz, dessen Familie von den Nazis verfolgt wurde, war 2010 vor allem bei jungen Tschechen ein Publikumsrenner.[35] Und es ist kein Tabu mehr, über den aggressiven Nationalismus zu sprechen, der sowohl Polen als auch Tschechien längst vor Hitler beherrschte. Edvard Beneš erklärte folgerichtig, die Abschiebung der Deutschen aus der Tschechoslowakei sei keine »Rache« gewesen, sondern »einzig und allein die Erfüllung einer Forderung, die unsere Geschichte, unsere Gegenwart und Zukunft von uns verlangt«[36]. Auch hier wird also nicht über Kriegsfolgen gesprochen, sondern eine Art Ursprungsrecht in Anspruch genommen.

Selbstverständlich entlasten solche Erkenntnisse die Deutschen nicht, aber sie machen das wechselseitige Verhältnis ehrlicher. Sie knüpfen an das an, was Václav Havel sagte, als tschechoslowakischer Präsident, vor zwanzig Jahren – und manchmal kommt es einem so vor, als wären wir damals weiter gewesen: »Wir müssen uns alles sagen, so schlimm es auch immer sein mag.«[37]

»Wir vergeben und bitten um Vergebung«, hieß es bereits im Jahr 1965 im Brief der polnischen katholischen Bischöfe an die deutschen Amtsbrüder, eine große Geste, die den kommunistischen Machthabern durchaus nicht recht war. Das sollte man nicht vergessen. Es gehörte in Polen lange Jahre zum machtpolitischen Instrumentarium, die Angst vor den Deutschen zu schüren, die wiederkommen und die Polen erneut vertreiben könnten. Der aggressive Nationalismus der Brüder Kaczynski hatte diese Methode übernommen. Doch mittlerweile ist die Versöhnungsbereitschaft der polnischen Kirche und der Bevölkerung auch in der Regierung angekommen. Polens Premier Donald Tusk meinte kürzlich: »Manche reduzieren die Verteidigung der eigenen Werte darauf, beständig daran zu erinnern, was andere uns angetan haben. Ich sehe das anders: Die Verteidigung der eigenen Werte wird dann erfolgreich sein, wenn wir als gleichwertige Partner, nicht als Opfer auftreten.« Das setzt voraus, dass auch der andere ein gleichwertiger Partner ist. Wenn man so will: auch der Täter.

Dass man vom liberalen Ministerpräsidenten Tusk in Sachen Zentrum gegen Vertreibung mehr Offenheit erwarten kann, zeigt das bemerkenswerte Projekt eines deutsch-polnischen Schulbuchs, initiiert von Tusks Bürgerplattform und deutschen Sozialdemokraten und Liberalen. Eine deutsch-polnische Expertengruppe hat es fertig gebracht, die Schützengräben zu verlassen und in ihren Empfehlungen die jeweiligen nationalen Erzählungen nebeneinander stehen zu lassen, sie also zu historisieren – und die Frage nach der einen und einzigen Wahrheit offenzulassen.[38]

Die Polen seien empfindlich, was »ihre Wahrheit« betreffe, sagte Donald Tusk einmal. Angela Merkel, dachte ich, versteht mehr von dieser Empfindlichkeit, als es im westdeutschen linken Milieu stets üblich war. Denn es gibt nicht nur eine polnische Empfindlichkeit, was Erika Steinbach betrifft. Man ist auch empfindlich, was den damaligen Umgang insbesondere der westdeutschen Linken mit Solidarność betrifft.

Während die Polen zu Beginn der 80er-Jahre für ihre Freiheit kämpften, hielt es die SPD für wichtiger, die Sowjetunion nicht zu verärgern. Bei den antiautoritären Studenten wurden Vertreter der Solidarność, die auf einer Reise durch die Bundesrepublik um Solidarität warben, schon mal ausgesucht liebevoll als »Kathofaschisten« bezeichnet.

Ins Gedächtnis des damaligen Solidarność-Mitglieds Donald Tusk hat sich ein Besuch von Günter Grass Anfang der 80er-Jahre in Danzig eingegraben. Der sensible Dichter versuchte den jungen Liberalen klarzumachen, dass die Rolle der Sowjetunion in Polen auch nicht finsterer sei als die Rolle der USA in Nicaragua.

Wie vertraut das doch ist, der eingeübte Antiamerikanismus und die gedankenlose Bereitschaft zum relativierenden Vergleich! Vor allem aber erschütterte Tusk, dass der Dichter und Denker es fertigbrachte, die Solidarność mit den prokommunistischen Sandinisten zu vergleichen. Jahre später meinte sich Grass an einen Besuch bei einer Gruppe »radikaler Nationalisten« zu erinnern. Das nennt man politisches Fingerspitzengefühl.

Die Bereitschaft der Deutschen, Schuld anzunehmen, gern auch stellvertretend für andere, hat ihre Schattenseiten. Die Mitleidlosigkeit gegenüber den deutschen Vertriebenen erinnert an die Ignoranz gegenüber all denen, die von der Roten Armee *nicht* befreit wurden. Noch heute hört man die Meinung, es habe sich bei den deutschen Flüchtenden und Vertriebenen um Nazis gehandelt, denen irgendwie recht geschehen sei. Auch Kindern, Frauen, Greisen? In Kollektivschuld?

Die Klagelieder der Vertriebenen wurden spätestens in den 60er-Jahren in der Bundesrepublik übertönt von den Stimmen der Jüngeren, die davon nichts mehr hören wollten. Die Kälte, mit der sich meine Generation das Mitleid verbot mit den Erfrorenen, Vergewaltigten, Ermordeten, nur weil sie Deutsche waren, erschreckt mich. Wie weit ist eigentlich der Empathie fürs Menschenrecht und seine Verletzungen zu trauen, wenn man sich hierzulande anmaßt, zwischen richtigen und falschen Opfern zu unterscheiden? Und selbst wenn einige der Opfer auch Täter waren, dürfen sie deshalb ohne Recht und Gesetz, ohne Verfahren und Urteil mit dem Tod bestraft werden?

Aufgrund der Größe seiner Verbrechen habe Deutschland kein Recht, Rechtsbrüche anderer zu kritisieren? Nein. Kein Verbrechen rechtfertigt ein anderes Verbrechen. Die Vertreibung war und ist völkerrechtswidrig. Die Machtverhältnisse machten sie indes unausweichlich. Doch das eine hinzunehmen, heißt nicht, das andere zu akzeptieren. Mit Angela Merkel und Raymond Aron teile ich das Misstrauen gegen Menschen, die um ihre eigenen Toten nicht zu trauern vermögen.

Ist das ein Plädoyer für eine »Normalisierung«, soll Deutschland nun so tun, als ob es »auf Augenhöhe« wäre? Ja. Historische Schuld ist keine Münze für die Gegenwart. Insbesondere nicht in der schwierigen Lage, in der Europa sich befindet.

Was die Deutschen europapolitisch tun oder lassen, sollten sie aus politischer Einsicht tun – nicht aus Schuldgefühlen. Es wäre gar nicht gut, wenn sich bei den Deutschen das Gefühl breitmachte, man müsse den Zahlmeister spielen, weil die Regierung sich moralisch erpressen lässt.

Aber vielleicht ist das längst der Fall.

Irrtum 5: Die Klimakanzlerin

Wird Angela Merkel wenigstens das Klima retten? Die Eisbären und die Gletscher, die vom Untergang bedrohten Atolle im Indischen Ozean? Wird sie nicht, das ist nicht schwer vorherzusagen. Das kann man ihr allerdings schwerlich übel nehmen. Hier war der Irrtum von vornherein eingebaut.

Die Klimakanzlerin im roten Anorak: Gut sah sie aus, als sie im August 2007 bei Ilulissat landete, einer grönländischen Kleinstadt, über der sich der Sermeq Kujalleq erhebt, einer der aktivsten Gletscher der Erde. Ilulissat dürfte der einzige Ort mit knapp 5000 Einwohnern sein, der eine Direktflugverbindung nach Baltimore hat. Hier ist »global warming's boom town«. Denn hier können die Folgen des Klimawandels besichtigt werden, an dem die Touristenmassen durch ihre schiere Anwesenheit teilhaben: Der Gletscher schmilzt.

»Wir müssen wichtige politische Prozesse sichtbar machen«, sagte die Kanzlerin, die nach Grönland gereist war, um die »Herausforderungen« zu studieren, »die auf der Menschheit ruhen«. Nur dann könne mit »Elan und Tatkraft« dagegen vorgegangen werden.

Gut, dass man die Menschheitsherausforderungen sehen

und sogar anfassen kann! Dass nur wirklich sei, was auch erfahrbar ist, ist gewiss eine merkwürdige Vorstellung für eine Wissenschaftlerin. Politisch aber ist das völlig korrekt, wir erkennen ihn wieder, den Story-Bias: kalbende Gletscher, ein einsamer Eisbär auf treibender Scholle, ein weinendes Kind – und jeder weiß, worum es geht.

Klimapolitik ist nicht nur nötig, sie ist auch gut für das politische Image. Es war ein genialer Coup der Grünen, sich als einzige Kraft in Stellung zu bringen, die aufseiten der bedrohten Natur steht. Alle Parteien haben zu spät erkannt, welch Mehrwert darin steckt, und ausgerechnet in der CDU, die sich doch als wertkonservative, erhaltende Kraft versteht, hatte man lange nicht begriffen, welche Chancen man sich entgehen ließ. In politischer und ökonomischer Hinsicht sowieso, doch vor allem fürs Image ist Natur unersetzlich.

Politiker sind um ihren Nachruhm besorgt. Sie möchten ihren Namen mit etwas Großem, Großartigem verbunden sehen. Nicht mit dem alltäglichen Kleinkram, mit dem sich das Parlament herumschlägt, nicht mit dem Alltag des Regierungshandelns. Steuerkanzlerin? Rentenreform-Angie? Königin der Spardose? Das zieht nicht. Es muss schon etwas mehr sein.

Seinem Volk in Sturmflut und Oderhochwasser beigestanden zu haben, ist im Prinzip tauglich, wie man an Helmut Schmidt und Gerhard Schröder gesehen hat. Besser noch machen sich nationale Großtaten. Am besten natürlich, man rettet die Welt.

Kohl hat im richtigen Moment beherzt nach dem Mantel der Geschichte gegriffen und Deutschland zur Einheit geführt. Das übertönt manches und womöglich zuletzt auch seinen unwürdigen Abgang. Angela Merkel hat sich noch nicht entschieden, ob sie den Euro oder das Klima retten soll. Als es diese Alternative noch nicht gab, war ihr wahrscheinlich wohler.

Am 17. November 1994 wurde sie als Umweltministerin vereidigt, sie trat die Nachfolge Klaus Töpfers an. Sie war, auch was diese neue Aufgabe betraf, ein unbeschriebenes Blatt. Aber wozu hat man eine naturwissenschaftliche Ausbildung?

Umwelt war in der DDR kein Thema. Was für die Atomkraft galt, wurde auch für alles andere vorausgesetzt: Was unter den Bedingungen kapitalistischer Ausbeutung gefährlich ist, gerät in den Händen des Volkes zu einem Segen. Deshalb nahm die DDR gegen gute Devisen der Bundesrepublik bereitwillig ihren Giftmüll ab und machte sich auch sonst keinen Kopf über Energieverschwendung oder Luftverschmutzung. Da »Ökologie« also ein Tabuwort war, weil es auf Probleme verwies, die man im Realsozialismus nicht hatte, war es antisozialistischer Widerstand, in der DDR zur Umweltbewegung zu gehören.

Von Angela Merkel ist nicht bekannt, dass sie sich schon zu DDR-Zeiten für Umweltschutz interessiert hätte. Und von den westdeutschen Urängsten vor dem Atom wusste sie rein gar nichts, sonst hätte sie nicht gleich zu Amtsantritt die Atomenergie für »beherrschbar« erklärt und den Kohlebergbau für weit gefährlicher.

Das Thema Atomkraft steht am Beginn ihres Kampfs mit

Gerhard Schröder. Während der »Atomkonsensgespräche« im März 1995 einigten sich die Bundesregierung in Gestalt von Angela Merkel und die SPD in Gestalt von Gerhard Schröder auf einen Kompromiss – der allerdings am fehlenden Rückhalt Schröders in der eigenen Partei scheiterte. Schröder, wie immer fintenreich, wählte die Vorwärtsverteidigung und erklärte sein Scheitern öffentlich damit, dass Merkel politisch naiv, inkompetent und zu Verhandlungen gar nicht in der Lage sei. Das hat sie ihm nicht verziehen. Für ihre Rache hat sie sich viel Zeit gelassen, aber sie ist ihr gelungen.

Dafür war der Berliner Klimagipfel im April 1995, den sie als gastgebende Umweltministerin leitete, ihr erster großer Erfolg auf internationaler Ebene. Sie wäre am Ende des Verhandlungsmarathons zwar fast in Tränen ausgebrochen, woran ihre heutige Büroleiterin Beate Baumann sie mit der harschen Aufforderung »Nun reißen Sie sich mal zusammen!« hinderte, aber sie hatte es schließlich geschafft, tausend Delegierte aus hundertsechzig Ländern zu einem gemeinsamen Statement zu bringen. Das ist eine enorme politische Leistung, wie viel oder wie wenig ein solches gemeinsames Statement in der Welt der heißen Luft auch bedeuten mag.

Sie hat sich mit Zähigkeit und Verhandlungsgeschick durchgesetzt. *Das* war Politik, nicht das alltägliche Kleinklein. Ob es ihr dabei immer darauf ankam, auf welche Ziele sie die anderen jeweils einschwor, ganz zu schweigen davon, ob sie auch einzuhalten waren?

Angela Merkel hätte sicher nichts dagegen, wenn sie als

Klimakanzlerin in die Geschichte einginge.[39] Die Chancen dafür sehen allerdings nicht richtig gut aus.

Die Kanzlerin hat ihr klimapolitisches Schicksal eng an das Potsdamer Institut für Klimafolgenforschung geknüpft, insbesondere an seinen Gründer und Direktor Hans Joachim Schellnhuber, Physiker wie sie und Berater der Bundesregierung seit 1992. Sein Potsdam-Institut für Klimafolgenforschung ist ein mächtiger Thinktank mit weitreichendem politischem Einfluss.

Schellnhuber ist ein rühriger Prophet der »Klimakatastrophe«, die er dank der globalen Erwärmung heraufziehen sieht. Er führt diese Erwärmung auf den wachsenden Kohlendioxidgehalt der Atmosphäre zurück, der menschlichem Einfluss geschuldet sei. Ihm und seinem Institut verdankt Angela Merkel die Ziele ihrer Klimapolitik: durch Reduktion des CO_2-Ausstoßes die Erderwärmung auf höchstens zwei Grad zu begrenzen.

Das ist ein ehrgeiziges Ziel, nicht nur angesichts unterschiedlicher Interessen zwischen Industrie- und Schwellenländern. Übertrieben ehrgeizig, scheint mir, für eine Regierung, die noch nicht einmal eine vernünftige Steuerreform zustande bringt.

Mittlerweile nehmen die begründeten Zweifel an der menschengemachten »Klimakatastrophe« zu, an der wissenschaftlichen Grundlage der These, an der Prognose und der Ursachenbestimmung. Zweifel darf man aber auch an der politischen Stoßrichtung des mit missionarischem Eifer agierenden Klimapapstes Schellnhuber haben.

Das Datenmaterial, das der These von der Erderwärmung zugrunde liegt, ist keineswegs so hieb- und stichfest, wie behauptet wird. Und auch andere Fragen sind offen. Bedeutet Klimaerwärmung in jedem Fall eine Katastrophe? Ist die Erwärmung tatsächlich menschengemacht, oder spielen andere Einflüsse eine Rolle?

Das sind Fragen, die angesichts einer so komplizierten Sache wie der Klimaerforschung eigentlich normal sein sollten. In Klimadingen präzise Auskünfte zu geben ist schwierig genug, Prognosen sind bekanntlich fehlbar. Kein Modell kann heute schon alle Faktoren berücksichtigen, die in diesem hochkomplexen Geschehen eine Rolle spielen. Und nicht nur die Erfahrung zweier kalter Winter hintereinander wirft die Frage auf, ob es wirklich eine Klimaerwärmung gibt oder ob sich das Wetter gar abkühlt. So wurde es nämlich noch in den 70er-Jahren prophezeit.

Und schließlich fragt sich, ob der Wandel, wenn er denn stattfindet, menschengemacht ist, auf steigenden Kohlendioxidausstoß zurückzuführen ist oder andere Ursachen hat. Das Klima war schon immer volatil, lange vor der Industrialisierung.

Gewiss ist es möglich, dass es wärmer wird, verglichen mit dem Beginn des 20. Jahrhunderts etwa. Ob das aber gleich eine Katastrophe ist? Nicht die Wärmegrade des mittelalterlichen Klimaoptimums bewirkten Schreckliches, als man in Schottland Wein anbaute und Island und Grönland besiedelt werden konnten, sondern die darauffolgende »Kleine Eiszeit«, die Europa vom 15. Jahrhundert bis ins 19. Jahrhundert hinein geplagt hat.

Jene magischen zwei Grad, über die die globalen Temperaturen nicht steigen dürften, sind, wie wir heute wissen, eine Pi-mal-Daumen-Schätzung eines Wissenschaftlers, die nie hinterfragt oder gar untermauert wurde.

Weder die Datenbasis ist also hinreichend noch die Schlussfolgerung zwingend – und erst recht nicht die Prognose. Noch nicht einmal die Ursache für das vermutete Phänomen steht fest.

Doch ist das wirklich wichtig? Während ich an meinem Schreibtisch sitze und den vorhandenen Text überarbeite, fällt mir der Artikel eines Klimaforschers vom Potsdam-Institut für Klimafolgenforschung in die Hand, der meine Einwände zunichte macht. »So war der Sommer 2010 wieder einmal ein Sommer der Extremereignisse, und wieder können wir Klimaforscher die Geschehnisse nicht eindeutig auf den Klimawandel zurückführen. Das wird niemals mit Sicherheit möglich sein«, lese ich in der »FAZ« – unter der Überschrift »Die Erderwärmung um acht Grad wird es niemals geben«. Aha, hier ist mal ein Wissenschaftler, der sich nicht überschätzt, denke ich. Doch weit gefehlt. In Anders Levermann begegne ich einem Meister der Sophistication. »Müssen wir dieses wissenschaftliche Kunststück vollbringen, um zu wissen, wohin die Reise geht? Und die Antwort ist: Nein. Denn schon jetzt ist praktisch sicher…«[40]

Aha. Das ist mal Klartext. Wir brauchen keinen wissenschaftlichen Nachweis. Wir müssen nur »praktisch sicher« sein. Vulgo: glauben.

Das erklärt, warum die internationale Gemeinde der Klimaforscher Zweifel nicht zulässt. Dissidenten werden mittlerweile »Klimaleugner« genannt – dabei leugnet das Klima ja wohl niemand. Der Begriff spielt offenkundig auf das Leugnen des Holocaust an, das unter Strafe steht.[41] »Klimaleugnen« als Verbrechen gegen die Menschlichkeit? Ab hier wird's finster.

Auch Schellnhuber scheint zu jenen zu gehören, die es gar nicht so ungern sähen, könnte man die Skeptiker kriminalisieren – oder wenigstens mundtot machen. Seine Vorstellungen von Wissenschaftsfreiheit und Demokratie jedenfalls sind, höflich formuliert, irritierend. In einem Interview meinte er jüngst: »Kernfragen wie diese, ebenso die der Menschenrechtsfragen, gehören in die Verfassung. Das hätte zur Folge, dass es Richter gibt, die auch gegen eine Mehrheit entscheiden, wenn es im Sinne unseres Verfassungskonsenses richtig ist. Sie brauchen also auch ein paar wenige Leute, die eine ethische Elite darstellen. Am Ende werden Sie vermutlich mit einer breiten Mehrheit nicht Probleme lösen können, die eine kausale Distanz wie beim Klimawandel besitzen.«[42]

Ins Deutsche übertragen: In Sachen Klimawandel muss die Demokratie zugunsten der Herrschaft einer ethischen Elite ausgeschaltet werden, weil den meisten Menschen die ferne Zukunft (und die dann womöglich sterbenden Kinder, mit denen auch Schellnhuber gern droht) nicht nah genug geht.

Das ist im Klartext die Politik des übergesetzlichen Notstands. In Schellnhubers schöner neuer Welt bestimmt eine

»ethische Elite«, wo's lang geht, die ihre Empfehlungen für – alternativlos hält.

Tatsächlich haben manche Vertreter der Klimalobby einen religiösen Glanz in den Augen. Sie sind die Hohepriester einer neuen Religion – die übrigens nicht schlecht zu einem protestantischen Pfarrhaus passt, dem Angela Merkel entstammt. Und auch nicht zu einer Sozialisation in der DDR, in der man die »Diktatur des Proletariats« versprach – in Gestalt der Partei, denn die hat immer recht. Ihren Marxismus-Leninismus hat Angela Merkel gründlich gelernt.

Die neue Klimareligion verspricht uns das Jüngste Gericht schon heute – es sei denn, wir unternehmen eine letzte große dramatische Anstrengung zur Rettung der Menschheit vor ihrem wohlverdienten Untergang. Am besten, wie das bei Religionen üblicherweise empfohlen wird, durch tätige Buße wie Ein- und Umkehr, Demut und Selbstbeschränkung und vor allem durch Ablasszahlungen ohne Ende.

Die neue Religion stößt in eine Lücke vor, die der Niedergang der großen Kirchen und Ideologien hinterlassen hat. Probaterweise bedient sie sich einer im wohlstandsverwöhnten Westen weitverbreiteten Grundstimmung: des schlechten Gewissens. Irgendwann, fürchten wir, präsentiert uns irgendeine Instanz die Rechnung für unser Wohlleben, sei's Gott oder die Natur – mit biblischen Plagen wie Wirbelstürmen, Riesenwellen, Sintfluten, feuerspeienden Vulkanen, kurz: Tod und Teufel.

Die neuen Priester, die solches verkünden und mit ihrer

Vorhersage des Weltuntergangs ein Milliardenpublikum Gläubiger versammeln, dulden wie alle Propheten keinen Zweifel an ihren Vorhersagen. Wer sie dennoch äußert, ist ein egoistischer Wicht, ein Beschwichtiger und Verharmloser, ein starrköpfiger Lügner oder Schlimmeres, mindestens aber ein bezahlter Agent des Bösen. Der Vorsitzende des Weltklimarates IPCC, Rajendra Pachauri, spricht inzwischen wie der Anführer einer Aktivistengruppe, die sich berufen fühlt, die Gesellschaft zu schockieren, um sie »aufzurütteln«. »Der Übergang von der wissenschaftlichen Beratung zur politischen *pressure group* ist fließend.«[43]

Wer in der Wissenschaft Widerspruch nicht zulässt, gerät schnell in den Verdacht, es gehe ihm um Glaubenssätze, nicht um Argumente. Und Glaubenssätze verbreiten sich wie die Spinne in der Yuccapalme, also mit der Dynamik eines Gerüchts: Irgendwann glaubt jeder, einem Eisbären beim Ertrinken zugesehen zu haben.

Nun, in der Sphäre der Politik haben Katastrophenprophetien ihren handfesten Nutzen. Wer sie ausruft, bestimmt das Ausmaß des »Notstands« und der zu ergreifenden »Maßnahmen«. Logisch also, dass manch einer die liberale Demokratie für ein Hindernis bei der Rettung des Globus hält und ein autoritäres Regime der Experten empfiehlt.

Unser Jahrhundert, sagt Peter Sloterdijk, wird womöglich als »ein Jahrmarkt der Erlösereitelkeiten in die Geschichte eingehen, an dessen Ende sich die Menschen nach Erlösung von der Erlösung und Rettung von den Rettern sehnen wird«[44].

Für Politiker aber sind solche Erlösungsgeschichten ein Himmelsgeschenk. Mit Blick aufs drohende Fegefeuer kann man den Untertanen Ungeahntes zumuten. Mit dem Versprechen der Rettung aus der Not auch.

Angie, die Naturwissenschaftlerin, hätte sich auf düstere Prognosen mit schwacher Datenbasis womöglich nie eingelassen. Zu Tinas Profil aber passt das: Der prognostizierte Weltuntergang ist der Notstand, der fast jede Maßnahme rechtfertigt und von all dem anderen unerledigten Kram ablenkt. Alternativlos. Das ist der Wunschzustand jedes Politikers, denn dann kann er sein anstrengendes Handwerk ruhen lassen, das da heißt: Kompromisse finden.

Mittlerweile ist der Glaube an die finsteren Prophezeiungen der Klimagurus brüchig geworden. Kluge Bürger wissen, wo sie die gängigen Dogmen überprüfen können – in einer überaus regen Gegenöffentlichkeit im Internet.[45] Der Glaube, dass »die da oben« wissen, was sie tun, ist schon länger dahin. Der moralische Vorsprung, den man durchs Besetzen von Gattungsfragen erwerben kann, schmilzt ab. Es ist sicht- und spürbar geworden, dass die politische Steuerung des umstandslos Guten nicht funktioniert. Im Gegenteil, sie verhindert womöglich das Bessere.

Wer wollte bestreiten, dass es darauf ankommt, mit Gas, Öl und Kohle hauszuhalten, andere Energiequellen zu erschließen und die vorhandenen besonders sparsam einzusetzen? Niemand, denn das ist ganz ohne apokalyptische Szenarien erkennbar vernünftig. Aber wissen ausgerechnet unsere Politiker, was dafür nottut? Geschickte Lobbyisten sagen es ihnen – und das nennt sich dann Klimapolitik.

Ein schönes Beispiel ist der Streit um die Glühbirne. Die Brüsseler Bürokraten haben entschieden, sie aus dem Verkehr zu ziehen, da sie zwar Licht, aber auch Wärme produziert. Diese Entscheidung spielte den Herstellern von sogenannten Stromsparlampen einen enormen Marktvorteil zu. Wer sie für teuer Geld »der Umwelt zuliebe« kaufte, muss sie als Sondermüll entsorgen. Sie sind in erheblichem Maße quecksilberbelastet – also gesundheitsgefährdend.

Das Bundesumweltamt brauchte Monate zu dieser Erkenntnis, die Bastler in Windeseile gewinnen konnten, die sich die Mühe machten, die hässlichen Dinger zu öffnen. Gut, sie verbrauchen bis zu 80 Prozent weniger Energie gegenüber herkömmlichen Glühlampen. Die wiederum, wie ich bezeugen kann, sparen Heizkosten.

Wen will man noch mit der Behauptung mobilisieren, Angela Merkel sei »die Kanzlerin der Atomindustrie«? Denn längst ist sie auch die Kanzlerin eines riesigen ökologisch-industriellen Komplexes, einer mit Subventionen hochgepäppelten Branche, die mit Windrädern, Solarzellen und Biogasanlagen handelt. Auch dies ist eine auf Profit angelegte Wirtschaftsmacht, der es, im Unterschied zur Atomindustrie, indes gelungen ist, ihre egoistischen Ziele als edles, dem Gemeinwohl dienendes Anliegen zu tarnen. Geld *und* Moral – perfekt.

Windkraft und Solarenergie werden hoch subventioniert, was die Strompreise nach oben treibt, also von den

Stromkunden bezahlt wird. Wer rechnen kann, wird nicht nach anderen energiesparenden Wegen suchen, weil es dort keine Subventionen gibt. Das nennt man eingeschränkte Konkurrenz, die technische Innovationen hemmt.

Manchmal hat man das Gefühl, als ob seit Jahren keine alternativen Entwürfe zu den ursprünglich grünen Ideen mehr diskutiert worden wären. Doch sind die grünen Forderungen wirklich das Beste für Mensch und Natur? »Sollte man die Landschaft mit Wind- und Solarparks zubauen? Ist der Biolandbau, der besonders viel Naturfläche verbraucht, wirklich ökologisch? Retten Biotreibstoffe das Klima?«, fragt Michael Miersch.[46]

Stromerzeugung durch Windkraft etwa bedarf, um eine größere Rolle zu spielen, eines milliardenschweren Ausbaus des Stromnetzes. Der trotzige Bürger, den Schellnhuber im Auge hat, wird wahrscheinlich nicht einsehen, dass das große Ganze von ihm fordert, sich zur Not so einen Hochspannungsmast direkt vor die Nase setzen zu lassen. Nun – dann wird ihn die ethische Elite eben dazu zwingen. Die ist mit höherem Wissen ausgestattet und muss sich nicht auf jene ja bloß interessengesteuerte Innovationskraft verlassen, die der Markt freisetzt.

Die ökologischen Optionen blockieren sich gegenseitig. Lokale und private Energiesparmaßnahmen, etwa Blockheizkraftwerke oder die Wärmepumpe, kämen den Interessen der Bürger womöglich entgegen, wären landschaftsschonend und dezentral. Die fürs Eigenheim bestens geeignete Wärmepumpe aber verbraucht Strom, dessen Preis aufgrund der Bevorzugung anderer Energiesparmaßnahmen steigt. Und so weiter und so fort. Auch das Gute birgt unvorhersehbare Risiken.

Das gilt auch für die »Burka für das Haus«, die Wärmedämmung für Gebäude, die bis 2050 abgeschlossen sein soll. Das wird das Bild unserer Städte schlimmer verändern als Bombenkrieg und Nachkriegsarchitektur, eine Option also mit beschränktem Charme. Der Bauindustrie mag sie nützen. Zweckdienlich ist sie nicht. Alte Bausubstanz braucht keine Wärmedämmung, die ist solide genug, man wird es ihr auf Kosten ihrer Schönheit dennoch antun – und feststellen: Der Wohnkomfort unter der Käseglocke oder in der Thermoskanne ist gering.

Konsequent angewandt, schafft Wärmedämmung stattdessen moderne Ruinen: »Innen bilden sich Pilze, weil die Feuchtigkeit nicht raus kann, draußen schlägt der Specht seinen Schnabel durch die Dämmstoffplatten und baut sich im Styropor ein Nest.«[47] In zehn Jahren kommt alles runter und bringt die unter der Dämmung entstandenen Schäden ans Tageslicht. Ein Fall für die Abrissbirne. Gewiss, auch das nützt der Bauwirtschaft.

Der Vollwärmeschutz für Häuser scheint in der Tat etwas über deutsche Befindlichkeit auszusagen: Abschotten, lautet die Devise. Keinen Lufthauch hineinlassen. Auch die Wirklichkeit nicht.

Das ist die Tristesse der Alternativlosigkeit. An die flexible Anpassung an veränderte Verhältnisse ist nicht gedacht. Wer sich an den Aufschrei erinnert, der durchs Land ging, als Thilo Sarrazin zwecks Heizkostenersparnis empfahl, die Heizung runterzudrehen und einen Pullover anzuziehen, weiß, was jedem blüht, der dem Bürger Flexibilität zumutet – etwa die, sich an die mögliche Klimaveränderung anzupassen, anstatt sie mit untauglichen Mitteln zu bekämpfen.

Intelligente Weisen, Energie zu sparen und den Kohlendioxidausstoß zu verringern, sind auch ohne die Drohung mit der Katastrophe sinnvoll und attraktiv. Das große Schreckensszenario nützt nur den Priestern, den als Wohltäter getarnten Lobbyisten und Politikern, die ihr Volk gern mit der Alternativlosigkeit der Dinge bei Fuß halten. Die größte Verschwendung liegt nicht in der Wohllebe egoistischer Bürger, sondern in der falschen Allokation der Mittel.

In einer Hinsicht hat Hans Joachim Schellnhuber natürlich recht: Menschen glauben eher an das, was sie nachvollziehen können, und an Geschichten, in denen sie vorkommen. Ein paar heiße Sommer lässt sie an die Klimaerwärmung glauben. Zwei sehr harte Winter hintereinander lässt sie zweifeln. Das ist gewiss nicht immer vernünftig. Wissenschaft als Korrektiv wäre also nötiger denn je – wenn sie ergebnisoffen bleibt und sich nicht instrumentalisieren lässt.

Die Klimatologen, die sich hinter ihrer Unfehlbarkeit verschanzen, sind dabei, den Ruf ihres Standes zu verspielen. Die Klimakanzlerin ereilt das gleiche Schicksal.

Und die Deutschen? Zeigen manisch-depressive Züge und bekämpfen das lastende Schuldgefühl mit dem reinen Gewissen, wenigstens am Weltuntergang nicht schuld zu sein. Da hätte Frau Dr. Merkel helfen können: mit Nüchternheit und Sachverstand. Ist Tina der totalitären Versuchung erlegen, die Untergangsszenarien bereithalten?

Die intelligente Mitte, sofern sie nicht zu den Grünen abgewandert ist, hat den Braten längst gerochen. Auf unsicherer Datenbasis sollte man keine Politik machen, wenn man nicht in den Verdacht geraten will, mit der Klimakatastrophe das unschlagbare Mittel gefunden zu haben, den Steuerbürger zur Kasse zu bieten. Als armen Sünder, der um seines Seelenfriedens willen freiwillig den Ablasskasten füllt.

Vielleicht sollte Angela Merkel doch besser den Euro retten?

1 Vgl. Sozialbudget 2009, hrsg. vom Bundesministerium für Arbeit und Soziales.

2 Vgl. auch »6 Fragen an den Sozialstaat«, in: »Die Zeit«, 25. Februar 2010.

3 Peer Steinbrück, *Unterm Strich*, Hamburg 2010, S. 289: »28 Millionen Transferempfänger (...) können bei Wahlen inzwischen den Ausschlag geben.« Statistisches Bundesamt, Zahlen aus dem Jahr 2004.

4 Vgl. Bundesministerium der Finanzen, Entwicklung der Steuereinnahmen.

5 Peter Sloterdijk, »Die Revolution der gebenden Hand«, »FAZ«, 13.6.2009.

6 »Es war der Mut eines Einzelnen, der zugleich die Verzagtheit der anderen hell beleuchtete. Merkel ließ ihn im politischen Meinungskampf allein. Sie sei CDU-Vorsitzende geblieben, wo sie Kanzlerin aller Deutschen hätte sein sollen, hat Müntefering später nicht ohne Bitternis festgestellt«, Gabor Steingart, a.a.O., S. 71.

7 Peter Sloterdijk, a.a.O.

8 »Wer dem Volk anstrengungslosen Wohlstand verspricht, lädt zu spätrömischer Dekadenz ein.« Im Deutschlandfunk am 14.2.2010 bekräftigte der FDP-Chef diese Aussagen: »Und mehr und mehr werden diejenigen, die arbeiten in Deutschland, zu den Deppen der Nation. Das akzeptiere ich nicht (...) Wer arbeitet, muss mehr haben als derjenige, der nicht arbeitet. Und wenn man das sagt und dafür kritisiert wird, dann ist das wirklich eine ziemlich sozialistische Entwicklung in dieser Republik.«

9 Kirchhof schlug lediglich vor, eine Rentenzusatzversicherung so obligatorisch zu machen wie eine Kfz-Versicherung.

10 Gerd Langguth, *Angela Merkel.* Biografie, aktualisierte Neuausgabe München 2010, S. 273.

11 »Die Hartz-Fabrik«, »Spiegel« 1/2011.

12 Die Frage erübrigt sich wohl, was denn, wenn 30 Prozent der über 85-Jährigen pflegebedürftig sind, die restlichen 70 Prozent machen.

13 Bettina Weiguny, »FAZ«, 20.12.2010.

14 *Peer Steinbrück*, a.a.O., S. 28, S. 272 ff.

15 Angela Merkel, »Quo vadis Deutschland«, Rede im Deutschen Historischen Museum, 1.10.2003.

16 »FAZ«, 6.9.2006.

17 »Die Zeit«, 18.2.2010.

18 Eva Ziessler, Vortrag, gehalten in Hamburg am 11.6.2010, veröffentlicht auf der »Achse des Guten« am 2.12.2010.

19 Peter Sloterdijk, »Zeit« vom 2.12.2010.

20 Auf dem Parteitag 2003 in Leipzig, auf dem sie das Reformprogramm der CDU vorstellte.

21 »Ich denke an dichte Fenster! Kein anderes Land kann so dichte und so schöne Fenster bauen«, »Bild-Zeitung«, 29.11.2004.

22 »Früher, in der ehemaligen DDR, durfte ich nicht von Deutschland reden (...) Es ist deshalb meine persönliche Erfahrung, sich zu Deutschland bekennen zu dürfen.« Rede auf dem 18. Düsseldorfer CDU-Parteitag 2004.

23 Ebd.

24 Der Amtseid von Bundeskanzler und Bundespräsident lautet: »Ich schwöre, dass ich meine Kraft dem Wohle des deutschen Volkes widmen, seinen Nutzen mehren, Schaden von ihm wenden, das Grundgesetz und die Gesetze des Bundes wahren und verteidigen, meine Pflichten gewissenhaft erfüllen und Gerechtigkeit gegen jedermann üben werde. So wahr mir Gott helfe.«

25 Horst Köhler sagte am 22.5.2010 in einem Interview mit dem Deutschlandfunk: »Meine Einschätzung ist aber, dass insgesamt wir auf dem Wege sind, doch auch in der Breite der Gesellschaft zu verstehen, dass ein Land unserer Größe mit dieser Außenhandelsorientierung und damit auch Außenhandelsabhängigkeit auch wissen muss, dass im Zweifel, im Notfall auch militärischer Einsatz notwendig ist, um unsere Interessen zu wahren, zum Beispiel freie Handelswege, zum Beispiel ganze regionale Instabilitäten zu verhindern, die mit Sicherheit dann auch auf unsere Chancen negativ zurückschlagen, bei uns durch Handel Arbeitsplätze und Einkommen zu sichern. Alles das soll diskutiert werden, und ich glaube, wir sind auf einem nicht so schlechten Weg.« http://www.dradio.de/aktuell/1191138/

26 Siehe die Internetseite des Bundesfinanzministeriums.

27 Hans-Olaf Henkel, *Rettet unser Geld*, München 2010, S. 10 – er fügt noch Betrug hinzu.

28 Im Geiste Gerhard Schröders? Der hatte bei der Feier der Landung in der Normandie die kühne Behauptung aufgestellt, dass der Sieg der Alliierten ein Sieg nicht über Deutschland, sondern für Deutschland gewesen sei.

29 Hans Mathias Kepplinger, »Die gescheiterte Skandalisierung von Thilo Sarrazin«, in: Jürgen Bellers (Hg.), *Zur Sache Sarrazin*, Berlin 2010.

30 »Der Wutbürger«, »Spiegel«, 11.10.2010.

31 Peter Glotz noch am 23.10.1989.

32 Von Bassam Tibi und Theo Sommer eingeführter Begriff.

33 17. CDU-Parteitag in Leipzig 2003, S. 14.

34 18. CDU-Parteitag in Düsseldorf 2004, hier zitiert sie Raymond Aron, wonach der Charakter und die Selbstachtung einer Nation sich darin zeigen, wie sie mit ihren Opfern der Kriege und mit ihren Toten umgehe.

35 »Habermann« von Juraj Herz, ein Film, der übrigens beim Jewish Eye Film Festival in Aschkelon den Hauptpreis gewonnen hat, siehe Hanns-Georg Rodek, »Welt« v. 29.11.2010.

36 Karl-Peter Schwarz, »FAZ«, 20.12.2010.

37 Zu Bundespräsident Richard von Weizsäcker am 15.3.1990 auf dem Hradschin.

38 Konrad Schuller, »Geschichtspolitische Abrüstung«, »FAZ«, 3.12.2010.

39 Gerd Langguth, a.a.o., S. 188.

40 Anders Levermann, »Die Erderwärmung um acht Grad wird es niemals geben«, »FAZ«, 30.12.2010.

41 Dirk Maxeiner, »Gleichschaltung des Wissens«, »Die Weltwoche«, Ausgabe 06/07.

42 Interview in der »FAZ«, 29.11.2010.

43 Ulli Kulke, »Warum Kritiker der Horrorszenarien keine Chance haben«, »Welt«, 3.2.2007.

44 Zitiert nach einem Bericht der »FAZ«, »Angst, Schweiß und Dänen«, über die Weltklimakonferenz in Kopenhagen, 14.12.2009.

45 »Aktivisten« der Aufklärung der ersten Stunde: Dirk Maxeiner und Michael Miersch, vgl. auch »Achse des Guten«.

46 Michael Miersch, »Das Windrad der Geschichte«,»Focus«, 15.11.2010.

47 Peter Richter, Niklas Maak, »Die Burka fürs Haus. Wacht auf, Verdämmte dieser Erde: Was der neue Fassadenstreit über unser Land und unsere Zeit verrät«, »FAZ«, 14.11.2010.

KAPITEL 4

Wer zahlt, schafft an in Europa, oder nicht?

»Ich habe das Wort ›Europa‹ immer im Munde derjenigen Politiker gefunden, die von anderen Mächten etwas verlangten, was sie im eigenen Namen nicht zu fordern wagten«, bemerkte einst Reichskanzler Bismarck.[1] Ein passendes Wort zum Stand der Dinge, was allerdings kein Politiker heute mehr auszusprechen wagt.

Ich gebe zu: Von einer in Sachen Deutschland entspannten Kanzlerin hätte ich mir ein ebenso entspanntes Verhältnis zu Europa gewünscht. Es ist in Ordnung, dass es die EU gibt. Aber es wäre auch keine Katastrophe und es gäbe nicht gleich wieder Krieg, wenn es sie nicht mehr gäbe. Die Aussichten sind gering, dass Deutschland wieder zu einer aggressiven Großmacht wird. Also Entspannung, bitte.

Doch entspannt wirkt Angela Merkel ganz und gar nicht. »Der Euro ist unser Schicksal«, dekretiert sie, und was daraus folgt, ahnen wir schon: Seine Rettung ist alternativlos.

Kurz konnte man glauben, dass sie als schwäbische Hausfrau den Strick um den Geldsack zuzieht. Als strenge Mrs. No. Als »eiserne Kanzlerin«. Schon wurden in Griechenland Hakenkreuze geschmiert, raunte man vom »neuen deutschen Nationalismus«, forderte Solidarität gegen den deutschen Egoismus. Da drehte Angela Merkel bei. »Niemand in Europa wird alleingelassen«, sprach Mutti und öffnete die Arme weit. Der Euro wird gerettet, koste es, was es wolle.

Und nun sind die Schleusen geöffnet. Aus einem vorläufigen wird ab 2013 ein dauerhafter Rettungsfonds. Und wie um den Steuerbürger davon abzulenken, dass es damit ans Eingemachte geht, führt die Regierung wieder einmal eine ihrer hübschen Possen auf. Filmreif verkündet die Kanzlerin – Winter der Entscheidungen! – mäßige Gaben für die Steuerzahler und lässt sich kurze Zeit später vom Finanzminister zurückpfeifen: Kein Geld da. What else is new?

Die hundsgewöhnliche Steuerzahlerin fragt sich, ob das nun stümperhaft ist oder Methode hat. Das fragt sie sich auch angesichts des Agierens der Kanzlerin in der Eurokrise. Verfolgte Angela Merkel eine geheime Strategie, die Zustimmung Deutschlands zu weiteren »Rettungsschirmen« möglichst teuer zu verkaufen? Das hofften ihre Bewunderer. Oder ist sie orientierungslos, wartet, wie immer, bis die Krise kulminiert, bis es keinen Ausweg mehr zu geben scheint, bis die Situation da ist und sie endlich »alternativlos!« rufen kann?

Jetzt ist die Situation da. Alternativlos. Und der deutsche Steuerbürger ist aufgefordert, das gefälligst mit Fassung zu tragen. Für Frieden und Freiheit. Und wegen der Vergangenheit. Ex-EU-Kommissar Günter Verheugen ließ kürzlich die Katze aus dem Sack: »Dieses ganze Projekt ›Europäische Einheit‹ ist wegen Deutschland notwendig geworden. Es geht immer (darum), Deutschland dabei einzubinden, damit es nicht zur Gefahr wird für andere. Das dürfen wir in diesem Land nicht vergessen!«[2] Ich gebe zu: Das hat für einige Minuten den Wutbürger in mir von der Kette gelassen. Klarer kann man es eigentlich kaum sagen: Ohne die Warnung vor der »deutschen Gefahr« und den Appell an deutsche Schuldgefühle glaubt man dem Steuerbürger nicht verkaufen zu können, dass er wieder einmal den Kopf hinhalten soll. Zudem er für etwas bezahlen soll, das er nie sonderlich geliebt hat. Fragt sich, ob diese Masche noch zieht und ob sie »zukunftsfähig« ist.

Für mich war die EU immer ein eher abstraktes Thema. Politisch war sie mir kein Herzensanliegen, ökonomisch hielt ich sie nicht für geboten, und als Währungsraum ist sie problematisch geworden. Was bleibt also, woran hält man fest, wenn man am Euro festhält – und wo bleibt das Herzensanliegen oder wenigstens eine »Vision« von Europa? Für Europa gilt, was für Deutschland gilt: Man muss wissen, was es ist. Weiß es die Bundeskanzlerin?

Ich bin, wie Angela Merkel, mit der Existenz des Eisernen Vorhangs und der Mauer aufgewachsen, die mich von der Heimatstadt meiner Mutter, von Großmutter und Tanten und den Cousinen trennte. »Drüben« war weit weg. Noch weiter weg waren all die anderen Städte und Landschaften, die im Leben meiner Eltern eine Rolle gespielt hatten. Alles *terra incognita*, vergessene Orte und unbekannte Menschen auf verblassten Fotografien.

Was für eine Faszination, als die Mauer aufging und Europa wieder größer wurde. Was für Entdeckungen! Nichts gegen die Nachkriegssehnsuchtsländer der Westdeutschen, Italien, Griechenland, Spanien, Frankreich, Wiegen der europäischen Kultur. Doch jetzt locken die Geheimnisse der alten Kulturlandschaften im Osten, um- und umgewühlt von Krieg und erzwungener Völkerwanderung. An ihren überwindlich gewordenen Grenzen entsteht täglich Neues. Mich erschreckt es nicht, wenn Deutschland dadurch östlicher wird.

Europa ist nicht, es wird. Ganz bestimmt ist es nicht die EU. Und ich weiß auch gar nicht, ob es dazu werden soll.

Für viele Deutsche ist die europäische Währungsunion eine Angelegenheit, die ihre praktischen Seiten hat, aber keinen Charme. Schön, dass man kein Geld mehr tauschen muss, wenn man nach Frankreich fährt. Und die offenen Grenzen sind was Feines, obzwar nun der Kitzel entfällt, der früher, jedenfalls im Westen, mit dem Grenzübertritt verbunden war: Das war eine Zäsur, dahinter lag ein anderes Reich, das mit seiner Fremdheit lockte.

Die wenigsten Deutschen dürften ein sentimentales Verhältnis zur EU haben – und schon gar nicht zum Euro. Sentimental war man, was die D-Mark betraf. Und auch damals schon fühlten viele sich erpresst von diesem Projekt, das insbesondere französischen Politikern am Herzen lag, nämlich den ewigen Konkurrenten Deutschland so einzubinden, dass er die Ellbogen nicht mehr hochkriegt. Die Aufgabe der D-Mark war der Preis, den die Franzosen für die Wiedervereinigung forderten.

Die Väter Europas haben ihren Staatsvölkern von Anbeginn verschwiegen, was sie planten. Wollten Schritt für Schritt vorangehen, bis die Sache – nun: alternativlos war. Jetzt ist sie vor allem verfahren.

Wundert es, wenn die EU nicht geliebt wird, vor allem nicht von den Deutschen, die nicht erst seit gestern den Verdacht haben, dass sie bis in alle Ewigkeit den Zahlmeister spielen sollen? Dass sie Opfer zu bringen haben, immer und immer noch aus Gründen der Vergangenheit?[3] Und um die deutsche Wirtschaftsmacht nicht allzu stark werden zu lassen aus Rücksicht auf die anderen?

Was auch immer geschieht, wenn nach Griechenland und Irland demnächst auch Spanien und Italien nach einem Rettungsschirm verlangen: Die Kanzlerin wird es schwer damit haben, ihre Europapolitik zu verteidigen. Sagt sie Nein, gilt Deutschland bei den europäischen Nachbarn als egoistisch, arrogant, erpresserisch oder gar terroristisch. Sagt sie Ja, verstößt sie gegen ihren Schwur, Deutschland und die deutschen Interessen zu vertreten, so wahr ihr Gott helfe.

Denken zumindest die Deutschen, die sich nicht davon überzeugen lassen, dass es insbesondere ihnen diene, wenn die Eurozone gerettet wird, schließlich gehen ja rund 40 Prozent der deutschen Exporte in die Euroländer. Denn während sie selbst sich zurückgehalten haben – und das dank der vom Verfassungsgericht erzwungenen Schuldenbremse auch weiterhin tun müssen –, hat man sich in den nun zu rettenden Ländern auf Pump einen fröhlichen Lenz gemacht.

Haben wir nicht bereits jetzt 1,8 Billionen Euro Schulden? Unfassbar wie der Reichtum Dagobert Ducks. Für den Schuldendienst allein sind gut 12 Prozent des Bundeshaushalts vorgesehen, das waren knapp 39 Milliarden im vergangenen Jahr. Daran werden auch spätere Steuerzahler noch ihre Freude haben. Denn bei diesen Summen wird es mit hoher Wahrscheinlichkeit nicht bleiben.

Mit der Aufhebung der »Nichtbeistands«-Klausel (No-Bail-out), um die die Vertreter Deutschlands damals hart gekämpft haben, weil es auszuschließen galt, dass EU-Mitglieder für die Schulden eines anderen Mitglieds aufkommen müssen, ist die Illusion verpufft, die EU sei eine Vereinigung potenter Wirtschaftsmächte. Sie ist zu einer Transferunion geworden. Man kann am deutschen Föderalismus studieren, dass das nicht gut geht. Es verstärkt die Neigung, fremdes Geld auszugeben.

Was tun? Wer ist schuld? Und wen kann man zur Verantwortung ziehen? Noch 2008 war man sich in der deutschen Öffentlichkeit einig darüber, dass die Finanzmärkte an der damaligen Krise schuld waren, gierige Banken, die sich vom Steuerzahler retten ließen, während ihr Führungspersonal ungerührt üppige Bonuszahlungen für ihr Missmanagement kassierte.

Doch schon damals steckte hinter dem Schlamassel jene Kraft, die Gutes will und Böses schafft. Es war der einst oberste aller Banker, der als kluger Wohltäter in die Geschichte eingehen wollte, der viel bewunderte Alan Greenspan nämlich, der als Präsident der US-Zentralbank durch niedrige Zinsen dafür sorgte, dass sich jeder Amerikaner sein Häuschen im Grünen gönnte, auch der, der es sich nicht leisten konnte. Dieser liebenswürdigen Aufforderung zum Schuldenmachen verdankt die Welt einen Großteil des darauffolgenden Schlamassels, dessen Auswirkungen noch nicht abzusehen sind. Ein hehres Ziel also mit katastrophalen Folgen.

Gewiss, es waren die Banken, die Kunden ohne ausreichende Sicherheiten die billigen Kredite aufschwatzten. Aber es waren ihre Kunden, mündige Menschen, die unterschrieben.

Nicht viel anders verfuhr man in den Mitgliedsstaaten der europäischen Währungsunion. Billige Zinsen verleiteten dazu, die Staatsdefizite stark auszuweiten, um den Bürgern die strahlende Kulisse eines Wohlstandsstaates hinzustellen. Nicht nur in Griechenland wurde diese Chance genutzt. Der Bauboom in Spanien hat sichtbare Ruinen hinterlassen.

Den Banken hat das hohe Gewinne beschert, und all die »Rettungsschirme«, die nun dank Deutschland aufgespannt worden sind, werden dafür sorgen, dass sie keine allzu großen Verluste erleiden.

Angela Merkel also eine Kanzlerin der Banken? Ja und nein. Kein Politiker, der auf Mehrheiten angewiesen ist, legt seine Hand für die Profite der Banken ins Feuer. Jeder Politiker aber möchte ein Wohltäter sein. Dafür wiederum braucht er die Banken, bei denen er Schulden machen kann, um weiterhin zu garantieren, was die Bürger mittlerweile als Besitzstand ansehen: den Sozialstaat.

Rainer Hank hat die symbiotische Beziehung von Finanzmarkt und Sozialstaat erhellend beschrieben: »Banker wissen, dass Politiker Geld brauchen, um den Wohltäter zu spielen, und dass ihnen selbst im Zweifel nichts passiert. Politiker wissen, dass Banken ihnen immer Geld leihen, solange sie damit nur ihren Reibach machen.«[4]

Und ausgerechnet Angela Merkel macht das mit, sie, die stets davon gesprochen hat, dass wir über unsere Verhältnisse leben. Die aufräumen wollte mit einem überbordenden Sozialstaat, einem chaotischen Gesundheitssystem und einer den Gewerbefleiß der Bürger einschränkenden Steuerpolitik.

Und nun können »wir« uns »Steuergeschenke« nicht leisten. Stimmt. Nicht, solange die Deutschen den Zusammenhang nicht erkennen zwischen dem Wohltatenstaat und der Eurokrise.

Doch den Deutschen war der Sozialstaat stets heilig. Wer ihn antastet, bekommt den Volkszorn zu spüren oder jedenfalls den der meinenden Klasse. Guido Westerwelles Satz: »Wer dem Volk anstrengungslosen Wohlstand verspricht, lädt zu spätrömischer Dekadenz ein«, wurde ihm umgehend ins freche Maul zurückgestopft.[5] Dass er vor allem ein Plädoyer für all diejenigen hielt, die hart arbeiten, aber den Hartz-IV-Regelsatz nur knapp verfehlen, übersahen seine Kritiker geflissentlich.

Was Westerwelle widerfuhr, passierte zwei Protagonisten der Sozialreform, wir erinnern uns, auf weit dramatischere Weise. Gerhard Schröder riskierte mit der Agenda 2010 alles und verlor die Zustimmung erst seiner Partei und dann der Wähler. Angela Merkel widerfuhr das Gleiche: Sie war 2005 mit einem sehr mutigen Reformprogramm angetreten und gewann die Wahl nur knapp.

Ihr kann man seither dabei zusehen, wie sie den Mut verliert – und mit ihr alle anderen auch. Noch 2005 hatten 39 Prozent der Befragten Schnitte ins soziale Netz befürwortet, während 41 Prozent dagegen waren. Drei Jahre später lehnten 71 Prozent jegliche Kürzung von Sozialleistungen ab.[6] Damit sprachen sich die Bürger allerdings nicht zugleich für Steuererhöhungen aus. Und so ist er wieder im Spiel, der Geist, der Gutes will und Böses schafft. Soll es uns trösten, dass neue sozialstaatliche Leistungen immerhin zu mehr Arbeitsplätzen bei ihrer Verwaltung führen?

Wer durchbricht den Zirkel, wer stört diese fatale Symbiose zwischen Finanzmarkt und Sozialstaat? Sicherlich nicht diejenigen, denen der »Rettungsschirm« gezeigt hat, dass ein Leben auf Pump straflos bleibt. Wer kann ihnen das verübeln?

Was also spricht für die EU, von Deutschland aus gesehen? Und wie wichtig ist der Euro für Deutschland? Ja, die Währungsunion ist günstig für die exportstarke deutsche Wirtschaft. Aber wäre es eine Katastrophe, wenn man die gemeinsame Währung aufgäbe?

Für die deutsche Wirtschaft nicht notgedrungen. Sie braucht eine stabile Währung, egal wie die heißt. Ein labiler Euro wäre entschieden gefährlicher, und wer kann ausschließen, dass die Transferunion genau darauf hinausläuft?[7]

Es wäre nicht das erste Scheitern einer Währungsgemeinschaft, die ja nur funktionieren kann, wenn die Partner gleiche Rahmenbedingungen mitbringen und sich an die Spielregeln halten. Doch jetzt zeigt sich, dass auch für die gefährdeten EU-Mitglieder der Euro keineswegs nur segensreich war. Er erleichterte erst die Kreditaufnahme und versperrte dann die Möglichkeit einer Währungsabwertung als Anpassungsreaktion.

Was tun? Kann Deutschland sich aus dem Zwang zur »Solidarität« und mit gehörigem nationalem Egoismus aus der EU herausmogeln, »I want my money back!« rufen und die D-Mark wieder aus der Schublade holen? Kann es seinen Wohlstand behalten, wenn es wieder auf eigene Rechnung wirtschaften darf? Und – halten wir das aus, die zu erwartende Wut auf den neuen alten deutschen »Hegemon«?

Ich weiß es nicht, ich bin nicht vom Fach. Aber eines scheint mir plausibel zu sein: Ein deutscher Alleingang müsste mit jenem nationalen Selbstbewusstsein geschehen, für das wir die Briten beneiden und die Franzosen manchmal belächeln. Dieses Selbstbewusstsein gibt es – allerdings allem Anschein nach nicht in der Regierung und vor allem nicht bei der Kanzlerin. Schade.

Fragen wir andersherum: Wie wichtig ist Deutschland für Europa? Ziemlich wichtig. Ohne einen starken Wirtschaftsmotor fällt Europa als Global Player neben China und den USA, neben Indien, Russland und Brasilien auf kurze Sicht aus. Und Deutschland natürlich mit. Nicht dass wir uns in der Nische nicht ganz wohlfühlen würden, das sind wir gewohnt. Es könnte sich allerdings auch für die sozialen Sicherheitssysteme negativ auswirken, an denen wir ja mehrheitlich so hängen. Also zähneknirschend Ja sagen? Das würde womöglich das Elend nur verlängern.

Die Alternative wäre auch hier: Selbstbewusstsein. Wer zahlt, schafft an, sagte meine Großmutter immer. Wenn Deutschland die Probleme der anderen schultern soll, dann nicht bedingungslos. Ab jetzt, müsste eine starke, selbstbewusste Kanzlerin sagen, gelten unsere Bedingungen.

Eine starke Kanzlerin müsste allerdings auch eine Bevölkerung hinter sich wissen, die eine solche Herausforderung annehmen will und kann, womit wir wieder beim Thema wären. Auch, ach: Gerade Angela Merkel ist es nicht gelungen, die produktive, die selbstbewusste Klasse hinter sich zu scharen.

In Deutschland tummelt sich eine Vielzahl von Lobbys in eigener Sache, ein »nationales Interesse« ist nicht zu erkennen, aber das haben wir uns ja auch abgewöhnt. Moralisch sind wir gern vorn, doch machtpolitisch bitte nicht. Im Zweifelsfall wollen die Deutschen gar nicht bestimmen, wo's langgeht. Sie wollen ihre Ruhe.

Das ist vielleicht die größte Enttäuschung, was Angela Merkel betrifft, und mein größter Irrtum: Die Frau, die einst den Mut zum Aufbruch so überzeugend verkündete, hat in Zeiten der Krise kein Projekt, keine Idee, die die Deutschen beflügeln könnte. Keine Perspektive, um aus dem, was alt gewordene Europäer wie Helmut Schmidt »Opfer« nennen, eine Herausforderung zu machen.

Opfer natürlich der Vergangenheit wegen. Dass Helmut Schmidt, Jahrgang 1918, Offizier der Wehrmacht, eingesetzt an der Ostfront, sich aus dem Schuldzusammenhang nicht lösen kann, ist verständlich und verzeihbar. Tragisch ist eher, dass er heutzutage als großer weiser Mann völlig konkurrenzlos dasteht, wenn es ums Vorführen staatsmännischer Führungsstärke geht. Und dass keine Kanzlerin Angela Merkel (und auch kein Oppositionsführer) ein Ziel für Deutschland formulieren und die deutsche Rolle in Europa und der Welt definieren kann, die eines nicht wären – rückwärtsgewandt.

Auf dem CDU-Parteitag in Karlsruhe im November letzten Jahres zeigte sich Angela Merkel plötzlich kämpferisch. Die ihr Wohlgesonnenen in den Medien horchten auf. Macht sie ernst? Kommt nach dem ereignislosen Herbst nun endlich der Winter der Entscheidungen? Oder erklärt sie wenigstens, was anliegt und was nottut?

Sie malte das Schreckgespenst einer künftigen rot-rot-grünen Regierung an die Wand. Scherzte: »Die Opposition macht Mist.« Wärmte ein bisschen die Seele der Partei, hielt das christliche »C« hoch und genoss zehn Minuten Beifall. Ja, allen etwas versprechen und ein bisschen »Mutmachen«, aber sich nicht festlegen. Das ist ihre Stärke.

Und in der Eurokrise? »Wir sind nun einmal die stärkste Volkswirtschaft in Europa, und viele blicken auf uns. Da kann und will ich mich nicht wegducken.«[8]

Gut zu wissen, dass Angela Merkel keine gymnastischen Übungen vorführen will, Sport war ja nie so ihr Ding. Aber reicht das?

Deutschland **muss** mehr, lautet die Botschaft heute, vor

allem zahlen. Einst hieß sie: »Deutschland kann mehr.« Kann auch die Kanzlerin mehr, als sie erkennen lässt?

Ich habe das Gefühl, dass nicht nur ich darauf nicht mehr lange warten möchte.

Kann Deutschland mehr als seine Kanzlerin?

Wächst die Politikverdrossenheit hierzulande? Oder nur die Politikerverdrossenheit? Zieht neuerdings ein Mob der »Wutbürger« durch die Straßen, oder verhalten sich die Deutschen eigentlich sehr gelassen, so zwischen Wirtschaftsboom und Eurokrise?

Ich habe den Eindruck – in Ermangelung tragfähiger Daten –, dass die Bürger noch nie so aufgeklärt waren, wie sie es heute dank Internet sein können. Das verstärkt bei vielen das Gefühl, unter Niveau regiert zu werden. Nichts ist schwieriger als eine Prognose, vor allem wenn sie die Zukunft betrifft, aber auch ich kann mir vorstellen, dass sich die Unzufriedenheit mit dem Führungspersonal im Superwahljahr 2011 Ausdruck verschaffen wird. Zumal die schwarz-gelbe Koalition, so zerstritten sie wirkt, sich in einem Punkt offenbar einig ist: In einem Jahr mit sieben Landtagswahlen unterlässt man alles, woran sich des Bürgers Unmut entzünden könnte. Also wird nicht »durchregiert«, sondern weitergemerkelt, bis zur Bundestagswahl, voraussichtlich also bis 2013.

Doch Angela Merkel kann sich nicht darauf verlassen, dass ihre Europolitik unbemerkt bleibt. Und schon im Fall Sarrazin hat sie die Stimmung im Lande falsch eingeschätzt. Ob es da weise war, die Landtagswahlen in Baden-Württemberg zu einer Abstimmung über das umstrittene Projekt »Stuttgart 21« zu erklären? Die Grünen haben diese Steilvorlage johlend begrüßt.

Es sieht derzeit in der Tat so aus, als ob der Protest gegen »Stuttgart 21« vor allem den Grünen nützt. Doch vor dem Stuttgarter Bahnhof versammeln sich keineswegs nur deren »nützliche Idioten« oder die üblichen »Aktivisten«, die noch jeden morschen Baum als Vorwand für die Revolution nehmen. Der Protest ist offenbar klassen- und altersübergreifend.

Worum es geht? Ein Bahnhof soll unter die Erde gelegt, eine Bahnstrecke um ein paar Minuten schneller befahrbar werden. Dafür ist der Teilabriss des alten Stuttgarter Bahnhofs vonnöten, immerhin ein Baudenkmal in einer an alter Bausubstanz nicht eben reichen Stadt. Zugleich wird ein großes innerstädtisches Terrain frei, das Investoren, Bauherren und Architekten herrliche Zeiten verspricht. Dem Bürger wird der neue Stadtteil als »historische Chance« verkauft, obzwar die Internetseite von »Bahnprojekt Stuttgart« nicht erkennen lässt, worin genau die Attraktion des neuen Viertels bestehen soll und was das Wort »historisch« dabei zu suchen hat.

Verkehrstechnisch ist die Sache dubios, und was Architekturträume betrifft, so ist gerade der ältere Bürger ein gebranntes Kind. Selten hat der moderne Städtebau bewiesen, dass die Betonträume sich selbst verwirklichender Architekten die Innenstädte mit Leben füllen können.

Doch die Sache ist bewilligt und durch alle Instanzen gegangen, sogar einen Schlichtungsprozess hat es noch gegeben, unter der Fuchtel Heiner Geißlers, der dafür ein stattliches Honorar bekommen haben soll. Und jetzt, wünscht man sich in der Politik, sollen sich die Bürger beruhigen und an die Zukunft und das Wohl künftiger Generationen denken.

Ich halte Volksentscheide nicht für das Gelbe vom Ei, der Bürger hat auch noch anderes zu tun; er wählt jene, die ihn repräsentieren sollen, ja zu seiner Entlastung. Auch war es einstmals eine grüne Unsitte, die eigene schwache Legitimation in regulären Wahlen mit Volksentscheiden aufbessern zu wollen. Das Argument jedoch, »die Straße« habe nichts mehr zu melden, wenn ein ordentliches Verfahren abgeschlossen ist, und rückgängig machen könne man schon gar nichts, das sei im Übrigen viel zu teuer, ist weder zutreffend noch sonderlich hilfreich.

Der Protest gegen »Stuttgart 21« richtet sich gegen ein Großprojekt, dessen Planung Mängel aufweist, dessen Eckdaten längst überholt sind und das von Menschen durchgewinkt worden ist, deren Expertentum für seine Beurteilung offenbar nicht ausreichte.

Steht dagegen wirklich nur ein kurioses konservatives Bündnis zwischen radikalen jungen Baumschützern und modernitätsverweigernden Oldies auf der Straße? Handelt es sich tatsächlich nur um Trittbrettfahrer einer Partei, die ihr derzeitiges Stimmungshoch ausbauen will? Die Grünen seien die »Dagegen-Partei«, rief Angela Merkel jüngst in einem Anfall kämpferischer Stimmung. Mag ja sein, aber wofür ist die CDU – außer für ein Mammutprojekt, dessen verkehrstechnischer Wert an seine Kosten nicht herankommt, dafür aber Platz schaffen soll für Architekten- und Bauherrenträume, die selten bis nie die Träume der Bürger sind?

Und hängt an einem solchen Projekt das Glück des Vaterlandes? Ex-Ministerpräsident Oettinger scheint das anzunehmen, er wirft den Demonstranten »unpatriotisches Verhalten« vor. Und Angela Merkel sieht gar den nationalen Notstand dräuen: »Stuttgart 21« sei ein europäisches Projekt, und wenn es nicht realisiert würde, gelte Deutschland als nicht mehr verlässlich. Und dann komme »morgen mein griechischer Kollege und sagt: Weil bei uns so viel protestiert wurde, kann ich die Stabilitätszusagen nicht mehr einhalten«[9].

So schnell kann's gehen – eben hat der Stuttgarter noch sein Demonstrationsrecht wahrgenommen, und schon hat er sich schuldig gemacht, nicht nur an der Zukunft »unserer Kinder«, sondern auch noch an der Stabilität des Euro. Ich glaube nicht, dass ein solches Argument geeignet ist, die Wut des Bürgers zu beschwichtigen. Im Gegenteil. Wer lässt sich schon gern für dumm verkaufen?

Ich kann mir vorstellen, dass der Stuttgarter Protestbürger viel gemein hat mit den fast 1,2 Millionen, die für ihren Protest bezahlt haben, indem sie Thilo Sarrazins Buch gekauft haben – zum Preis von immerhin 22,99 Euro. Wer diese Leute sind, weiß natürlich niemand. Aber es gibt Menschen, die haben da so eine Ahnung.

Dirk Kurbjuweit vom »Spiegel« weiß Bescheid. Er hat für Sarrazin-Leser wie Stuttgarter Protestler den Terminus »Wutbürger« erfunden. Der »Wutbürger«, schreibt er, »buht, schreit, hasst«, er ist »renitent«, »fanatisch«, »konservativ, wohlhabend und nicht mehr jung«, zukunftsvergessen und dem Wandel abhold, denn »wer alt ist, denkt wenig an die Zukunft« und hat »Angst vor Neuem, Fremdem«. Ob gegen »Stuttgart 21« oder für Sarrazin: Hier melde sich hysterischer »Mob«.[10]

Eine ziemlich abgestandene Analyse, ein irgendwie gestrig wirkender Wutschrei eines auch nicht mehr ganz jungen Berliner Redakteurs. Er erinnert mich an die Hasstirade eines Hamburger Kollegen, der ebenfalls ein Problem mit den Älteren zu haben scheint. Jens Jessen, Feuilletonchef der »Zeit«, überraschte das Publikum Anfang 2008 mit einer Vision: Er hatte »das fürchterliche Gesicht« des Spießbürgers im deutschen Rentner erkannt. In einem Videoblog, der von der Internetseite der »Zeit« mittlerweile verschwunden ist, äußerte er Verständnis für junge Gewalttäter, die einen Rentner halb totschlugen, weil er sie auf das Rauchverbot im U-Bahnhof hingewiesen hatte. Man müsse fragen, »ob es nicht auch zu viele besserwisserische deutsche Rentner gibt, die den Ausländern hier das Leben zur Hölle machen und vielen anderen Deutschen auch«. Dadurch entstehe eine »Atmosphäre der Intoleranz, vor deren Hintergrund man Gewalttaten spontaner Natur beachten muss«[11].

Krieg der Generationen in Deutschlands U-Bahnen, verursacht von militanten Alten?

Kurbjuweits und Jessens Tiraden erinnern an die »Gesellschaftskritik« der 60er-Jahre, als in jedem Hausmeister der Blockwart identifiziert wurde. Dieses »alte Weltbild der moralisch dubiosen, weil nach Belieben unter Naziverdacht zu stellenden deutschen Mehrheit«, dem Frank Schirrmacher in der »FAZ«[12] damals ein »glückliches Ende« bescheinigte, hat offenbar mitnichten ausgedient, es rauscht mit neuer Macht durch die Blätter. Ist das das letzte Gefecht eines linken Mainstreams um die Deutungshoheit?

Es ist schon seltsam: Mit jedem islamistischen Hassprediger gehen die Meinungshabenden hierzulande zartfühlender um als mit einem Deutschen, der nicht mehr ganz jung ist. Die Angst davor muss gewaltig sein, dass der deutsche Spießer demnächst wutentbrannt vors »Spiegel«-Hochhaus zieht, »Tod den Ungläubigen« skandiert und Zeitschriften verbrennt. »Manche Journalisten wissen, wie sie das Ihre zum Werk der Bürgerausschaltung beitragen können«, kommentierte Peter Sloterdijk süffisant den Hassartikel aus dem »Spiegel«.

Es spricht wenig dafür, dass bei »Stuttgart 21« nur die »dumpfen« Truppen des deutschen Spießers aufmarschieren, die nicht auf dem Niveau des Fortschritts sind. Man sollte mal in die andere Richtung schauen: Könnte es sein, dass der müde Fortschritt, den die Politik in der Planung von »Stuttgart 21« verkörpert sieht, nicht auf dem Niveau der Bürger ist?

Die erkennen womöglich im ordnungsgemäßen Prozedere, mit dem man in Stuttgart den Plan für den Bahnhofsneubau durchgewinkt hat, eher »Planungsstalinismus« (Harald Welzer) als Demokratie. Und fragen sich, warum sie im Fall Stuttgart eine einmal beschlossene Entscheidung respektieren sollen, wo sie doch tagtäglich erleben, was man alles zurücknehmen kann, wenn man an der Regierung ist: die Rentenreform oder den Ausstieg aus der Kernenergie. Oder die »No-Bail-out-Klausel« des Eurovertrags. Oder das Versprechen, Europa werde keine Transferunion.

Auch in Deutschland, welch Wunder, sind die Bürger mehrheitlich selbstbewusst, verlangen anständige Ware, kein Gammelfleisch, denken mit, lassen sich ungern bescheißen, sind informiert – und aus Schaden klug geworden. Sie verfügen nicht selten über mehr Sachverstand, als in den Parlamenten versammelt ist, und lassen sich nicht mehr so leicht mit Stillhalteprämien ausschalten, wie es Politiker gern tun. »Bürgerausschaltung als Beruf – das ist gelegentlich noch härter als das übliche Bohren von harten Brettern«, spottet Peter Sloterdijk.

Er erkennt sowohl in Stuttgart als auch in der Sarrazin-Debatte nicht den Wütenden, sondern den Empörten: Den in seiner Ehre und in seinem Stolz gekränkten Bürger, der sich weigert, »durch Schweigen Systemvertrauen auszudrücken«. »Die Politik der nützlichen Entpolitisierung des Volks (steht) vor dem Scheitern.« [13]

Erbarmen mit der Politik: Natürlich ist es nicht einfach, zwischen Opportunismus und »Durchregieren« die richtige Position zu finden. Wenn ein Politiker etwas für »politisch nicht durchsetzbar« erklärt, ist es nicht immer der Klügere, der hier nachgibt. Kirchturmpolitik, wie sie bei den frühen Grünen üblich war, ist nicht die Lösung, wenn es um die Führung eines Landes im europäischen und globalen Rahmen geht. Doch warum beweist die Kanzlerin Festigkeit ausgerechnet in dieser, angesichts der größeren Probleme nicht wirklich weltbewegenden Frage? Warum fällt es leichter, die paar Rentner unter den »Wutbürgern« mit dem Wasserwerfer einzuschüchtern, statt ihnen zu erklären, wie es um die Rentenkassen heute und in Zukunft steht?

Oder ist das alles nur wieder eine Simulation tätigen Regierens, mutig und vorwärtsstürmend, in einer Sache, in der es nicht weiter zu schaden scheint? Das könnte sich als Irrtum erweisen. Nicht als meiner. Als der Irrtum Angela Merkels.

Mir scheint, der in seinem Stolz beleidigte Bürger mag das alles nicht mehr hinnehmen: Jene patronisierenden Schwätzer, die ihm immer, wenn er Eigensinn zeigt, warnend mit der Vergangenheit kommen. »Das deutsche Volk muss sechzig Jahre nach Kriegsende nicht vor sich selbst geschützt werden. Die Unterstellung, die Bürger würden sich im Innern selbst schädigen und im Äußeren isolieren, ist ehrabschneidend.«[14] Ich sehe das genauso.

1,2 Millionen Käufer von Thilo Sarrazins Buch bedeuten noch keinen Volksaufstand und Tausende von Demonstranten gegen »Stuttgart 21« ebenso wenig. Aber es gibt andere Indizien für die tiefer werdende Kluft zwischen Volksparteien und Volk, die Zweifel an der Legitimität jener wecken, die sich auf Legalität, also auf Regeln und Verfahren, hinausreden wollen.

Es sind harte Zahlen. Wer uns regiert, ist nicht mit einer Stimmenmehrheit der Wahlberechtigten ausgestattet, sondern lediglich mit der Mehrheit derjenigen, die ihre Stimme auch abgegeben haben. Im Fall einer Koalition mit einem kleineren Partner wird es noch kurioser: Grüne oder liberale Außenminister und Vizekanzler sind von über 90 Prozent der Wähler **nicht** gewählt worden.

Die schwarz-gelbe Koalition wurde 2009 mit der niedrigsten Wahlbeteiligung seit Kriegsende gewählt – von 70,8 Prozent der wahlberechtigten Deutschen. Während die Nichtwähler also fast ein Drittel der Wahlberechtigten ausmachten (2005: 23,6 Prozent), erzielten CDU/CSU zusammen 23,5 Prozent (2005: 26,9 Prozent). Die SPD erhielt 16 Prozent möglicher Stimmen (2005: 26,1 Prozent), die Grünen 7,5 Prozent (6,2 Prozent) und die FDP 10,2 Prozent (7,5 Prozent).

Bei Landtagswahlen steigt die Zahl der Nichtwähler schon mal auf um die 40 Prozent, bei Kommunalwahlen nähern sie sich den 50 Prozent.[15] Ein Zeichen für unpolitische Bürger, der Demokratie überdrüssig? Liegt's am Wetter, gibt's Fußball, haben die Deutschen Wichtigeres vor? Oder sind es die Parteien, die dem Wahlvolk nicht mehr behagen?

Man darf vermuten, dass sich bürgerliche, gut ausgebildete und gut informierte Bürger vom Wahlkampftheater eher abgestoßen fühlen – die Jungen wie die Älteren, die dieses Theater mehr als zweimal mitbekommen haben und das Spiel leid sind, weil sie es in- und auswendig kennen. Das verzweifelte Gezappel und Gerangel der sich längst weitgehend ähnlich gewordenen »Volksparteien« um ein bisschen Profil, um ein wenig Kenntlichkeit, um irgendein »Alleinstellungsmerkmal«.

Eine hat es mal mit der Wahrheit versucht: Angela Merkel. Lange ist's her. Seither wartet das Volk atemlos auf – nein: nicht auf den »Führer« oder irgendeinen Populisten. Nur auf einen, der bereit ist zuzugeben, dass die Probleme dieses Landes sattsam bekannt sind und die Lösungsmöglichkeiten ebenfalls – und dass man weiß, was ihre Lösung verhindert: eine gut geölte Maschinerie, von der alle profitieren, nur nicht die Steuerbürger.

Nicht nur Angela Merkel, die ganze parlamentarische Demokratie ein Irrtum? Sicher nicht. Ein Irrtum ist das institutionell verankerte Misstrauen in das Volk. Das ist ein Erbe des Grundgesetzes, insofern haben wir es Hitler zu verdanken: Das Verhältniswahlrecht spiegelt tiefes Misstrauen ins Wahlvolk und macht das politische System unbeweglich.

Wir wissen doch: Nur die Hälfte der Abgeordneten wird direkt, also vom Wahlbürger, gewählt. Die andere Hälfte kommt über die Liste ins Parlament, und über deren Zusammensetzung bestimmen die Parteien. Wer über die Liste gewählt wird, ist also nicht dem Wähler verpflichtet, sondern seiner Partei, die ihn aufgestellt hat. Meistens nicht, weil er sich durch besondere Kompetenz qualifiziert hätte, sondern weil er in irgendeinen Proporz passt und irgendwelche Quoten erfüllt. Und weil er sich hochgedient hat. Angela Merkel, wir erinnern uns, war einst die große Ausnahme.

Das Verhältniswahlrecht schafft keine klaren Mehrheiten und zwingt zur Koalitionsbildung, wobei die kleinen Parteien oft das Zünglein an der Waage sind. Das war die alte Rolle der FDP, und den Grünen muss man dafür dankbar sein, dass sie diese sterile Rollenverteilung störten. Oft sorgt also der Koalitionspartner, nicht der Wähler dafür, welche Partei den Kanzler stellt. Es ist nicht immer die, die mit einer Mehrheit der Stimmen ausgestattet ist.

Die Grünen haben einst in einer Mischung aus Naivität und Ehrlichkeit demonstriert, wohin eine Parteiendemokratie führen kann: zur völligen Entmachtung der Wähler. In der ersten grünen Bundestagsfraktion galten noch Rotation und Basisdemokratie. Rotation hieß, dass ein Abgeordneter nach der halben Legislaturperiode ausgetauscht wurde; so sollte verhindert werden, dass er zum Berufspolitiker mutierte. Über den »Nachrücker« oder die »Nachrückerin« entschied die Partei, ohne die Wähler.

»Basisdemokratie« wiederum war zeitweise gleichbedeutend mit dem imperativen Mandat, also ganz und gar nicht demokratisch. In der ersten Bundestagsfraktion der Grünen wurde die »Linie« der Abgeordneten nicht nur von der Fraktion festgelegt, sondern – wegen Basisdemokratie – gleich noch von allen Angestellten der Geschäftsstelle, von der Bürokraft bis zu den politischen Mitarbeitern.

Bundesjustizminister Hans A. Engelhard urteilte damals: »Wenn die Grünen (...) das im Grundgesetz aus gutem Grunde verankerte Prinzip des freien und unabhängigen Mandats beseitigen wollen, so spricht dies deutlich für das gebrochene Verfassungsverständnis dieser Gruppierung. Die Unabhängigkeit der Bundestagsabgeordneten ist ein notwendiges Strukturelement unserer parlamentarisch repräsentativen Demokratie. Wer hieran rüttelt, stellt dieses System infrage.«[16]

Wohl wahr, doch natürlich rütteln alle Parteien daran, sie zeigen es nur nicht so offen wie einst die Grünen. Fraktionszwang nennt sich hier »Probeabstimmung«. Die macht man so lange, bis das gewünschte Ergebnis erzielt ist. Wird es dann ernst und Stimmen fehlen, weil ein Abgeordneter zuletzt dann doch noch von seinem Gewissen oder einer anderen Instanz seiner Entscheidungsfindung Gebrauch gemacht hat, ist das Verrat, und man fahndet nach dem »Verräter«. So war es bei Heide Simonis, und so war es auch bei Andrea Ypsilanti. Beide Politikerinnen ließen nicht erkennen, dass sie neben ihren enttäuschten Hoffnungen auch noch anderes zu berücksichtigen vermochten. Was gilt schon die Freiheit, erst recht die eines Abgeordneten, scheinen manche Politiker zu denken, wenn es um höhere Werte geht, um die historische Notwendigkeit, um »die Sache«, mit der sie sich identisch glauben?

Das Wahlsystem gibt den Parteien eine größere Macht, als ihnen zukommt – sie sollen ja lediglich »mitwirken« bei der politischen Willensbildung des Volkes. Das hat zur Folge, dass ein Konsument mehr Macht hat als ein Wähler. Er kriegt das Auto, das er bestellt hat, in einer Farbe und einer Ausstattung, über die er frei entschieden hat. Stimmt die Ware nicht, kann er sie zurückgeben. Wählt er aber sein Parlament, kauft er die Katze im Sack und darf sie, wenn sie kratzt, noch nicht einmal zurückschicken.

Die Einzigen, die das Vernünftige tun könnten, nämlich das politische System dem Niveau einer aufgeklärten Bevölkerung anpassen, und zwar durch die Übernahme des Mehrheitswahlrechts unserer Nachbarn, sind die Abgeordneten. Also die Parteien. Doch wer erwartet schon, dass die sich selbst entmachten?

In der Großen Koalition 1966 bis 1969 hatte man versucht, das relative Mehrheitswahlrecht einzuführen. Vor allem die CDU wollte die Macht der FDP brechen, die in Koalitionsregierungen einen weit über ihre Wählerstimmen hinausgehenden Einfluss erhielt. Die SPD jedoch scherte aus. Aus Eigennutz. Bei der Wahl 1969 erhielten zwar CDU/CSU die Mehrheit der Stimmen, mithilfe der FDP aber konnte Willy Brandt Bundeskanzler werden. Die FDP wurde den Ruch der prinzipienlosen »Umfallerpartei« nicht mehr los.

Gewiss – man kann die Zunahme der Nichtwähler auch als eine Art Normalisierung sehen. Die deutschen Musterknaben sind endlich nicht mehr tugendhafter als ihre Nachbarn. Nur die Spanier und Österreicher wählen eifriger als wir, die Amerikaner und Italiener beispielsweise haben einen Nichtwähleranteil von 43 beziehungsweise fast 60 Prozent. Auch sind die Nichtwähler im Osten Deutschlands besonders stark vertreten, wo sie sich womöglich daran erinnern, dass auch die Wahlen zur Volkskammer eine Farce waren.

Ein klares Zeichen für wachsendes Missfallen sähe anders aus. Interessant wird es, wenn die Abgabe ungültiger Wahlzettel zunimmt. Wenn der Nichtwähler zum Wähler wird, der alle Parteien gleichermaßen für nicht wählbar erklärt. Dann hätten wir es tatsächlich mit einer neuen Protestpartei zu tun.

Angela Merkel ist es endgültig gelungen, den Unterschied zwischen CDU und SPD unerheblich werden zu lassen. Noch hilft, dass wir in diesem Lande keinen Hang zu Volkstribunen haben. Dagegen schützt auch das jetzige Wahlrecht. Gegen den galoppierenden Vertrauensverlust aber schützt es nicht.

Ohne Vertrauen aber wird es in der Eurokrise nicht gehen. Und ob die Deutschen sich das weiter so gelassen anschauen, was da auf sie zurollt, ist ungewiss. Schon zirkulieren Botschaften und Gerüchte, die sie aus ihrer Ruhe bringen könnten.

Mich etwa beschäftigt die Frage, ob das stimmt, dass es einen »Währungskrieg« gibt, und zwar der USA gegen Europa, weil man verhindern will, dass Anleger von der schwächelnden Weltleitwährung Dollar in den starken Euro flüchten. Das könnte die massive Spekulation gegen jene Länder erklären, die seit Langem über ihre Verhältnisse gelebt haben. Gerücht? Oder Wahrheit?

Und was soll eigentlich auf die Dauer mit den Staatsschulden geschehen, die diese und vorhergegangene Regierungen aufgehäuft haben? So viel Wachstum können wir gar nicht generieren, und so viel Sparhaushalt wird sich keine Regierung trauen. Spekuliert Angela Merkel auf Inflation – oder auf eine Währungsreform?

Hieß es nicht vor Kurzem noch, die schnelle Reaktion der Regierung in der Bankenkrise zeuge vom Primat der Politik? Warum, zum Teufel, wirkt dann die Kanzlerin wie eine Getriebene?

Und kann mir bitte einer erklären, wie Deutschland dasteht in der EU, die es mit so unvorstellbar viel Milliarden Euro retten soll? Tun wir es, gebückt zu Kreuze kriechend? Oder mit einer kämpferischen Frau an der Spitze, die sich nicht müde fügt – es ist ja alles so »alternativlos« –, sondern auch mal »Basta!« ruft, mit der Faust auf den Tisch schlägt und klare Sätze sagt in die Richtung all jener, die Solidarität einklagen, aber nichts dafür tun wollen?

Übrigens, Frau Bundeskanzler: Das wäre eine Großtat, die es wert ist, in die Annalen der Geschichte einzugehen. Viel besser als dieses: »Wir retten die Welt, weil wir das Klima retten«, das funktioniert doch sowieso nicht.

Manch einer wäre schon ganz zufrieden, Sie retteten unseren Wohlstand und machten dieses Land fit für den globalen Wettbewerb, damit Sie Ihre »Rentengarantie« auch halten können. Sie müssen nicht den Planeten und die ganze Menschheit vor dem Untergang bewahren. Das macht schon der »Weltgeist« – Hegel, gab's in den Marxismus-Leninismus-Kursen in der DDR, Sie erinnern sich?

Ach, ich fürchte, mein Ruf wird unerhört verhallen. Ich bitte mir dennoch, vorausschauend, eines aus: Nicht gleich wieder vom »hässlichen Deutschen« raunen, sollte wirklich mal einer auftauchen, der die ganze verfahrene Chose auf den Punkt bringt. Nicht über den »Populismus« von Volkstribunen klagen, wenn einer mal ausspricht, was alle denken. Erstens wäre das nicht »typisch deutsch«, wie unsere Nachbarn uns längst vorführen. Und zweitens kann der Bote nichts für die Botschaft.

Und die lautet: Deutschland kann mehr – als seine Bundeskanzlerin.

1 Otto Pflanze, *Bismarck. Der Reichskanzler*, München 1998, S. 152.

2 Während einer Diskussion bei Maybrit Illner, »Ist der Euro in Gefahr«, ZDF, 9.12.2010.

3 Helmut Schmidt, »Zeit«, 17.12.2010: Weil die Deutschen aber in der Vergangenheit »erheblich zum Unfrieden in Europa und in der Welt beigetragen« hätten, müssten sie nun »auf eine ganz andere Weise dazu beitragen, dass die Schrecken der Vergangenheit sich nicht wiederholen können. Dafür sind weitere Opfer an Souveränität und an Geld geboten.«

4 Rainer Hank, »Parasiten des Wohlstands«, »FAS«, 6.6.2010.

5 »Welt«, 11.2.2010.

6 Institut für Demoskopie Allensbach, bei: Renate Köcher: »Minenfeld Sozialpolitik«, »FAZ« v. 22.12.2010.

7 Werner Plumpe, »Der Euro ist nicht unser Schicksal«, »FAZ«, 6.1.2011.

8 Interview in der »Bild-Zeitung«, 16.12.2010.

9 Auf dem Landesparteitag der CDU in Mainz am 25.9.2010.

10 Dirk Kurbjuweit, »Der Wutbürger. Stuttgart 21 und Sarrazin-Debatte: Warum die Deutschen so viel protestieren«, »Spiegel« 41/2010

11 Wenn man sucht, findet man das Video allerdings noch an anderer Stelle. Es ist erschreckend. Auch, wie Jessen in der »taz« beigesprungen wurde: »... Wer in diesem Lande lebt, weiß, wovon der ethnologisch versierte Mann von der ›Zeit‹ spricht: eine Nation von Hausmeisterinnen, Gestapozuträgern und Pöblern, die hinter jeder Ecke ihrer Nachbarschaft jenen Gestank vermuten, den sie ja vornehmlich selbst verströmen: Es sind die Giftpilze gesellschaftlichen

Zusammenlebens, und seien sie noch so sehr Opfer im ganz wörtlichen Sinne.«

12 Frank Schirrmacher, »Junge Männer auf Feindfahrt«, »FAZ«, 15.1.2008.

13 Peter Sloterdijk, »Der verletzte Stolz«, »Spiegel« 45/2010.

14 Gabor Steingart, *Die Machtfrage. Ansichten eines Nichtwählers*, S. 202.

15 Rudolf Martens, »Die Bundestagswahl 2009«, Paritätischer Gesamtverband Berlin.

16 »Die Angst der Grünen vor Amt und Macht«, »Spiegel«, 14/1983.

NACHRUF

Ich bin Ihre Wählerin. Gewesen, Frau Merkel!

Ich glaube nicht alles, was in der Zeitung steht. Ich habe keine besondere Bindung an eine Partei. Ich finde den Euro praktisch, aber ich hänge nicht an ihm. Ich lese den Wirtschaftsteil der Zeitung. Ich mag Frauen, die sich durchsetzen. Ich halte Wahlkampf für die schlimmste aller Jahreszeiten. Ich zahle Steuern, aber immer weniger bereitwillig. Ich finde Deutschland sehr in Ordnung, kann aber die Nationalhymne erst seit der vorletzten Fußballweltmeisterschaft fehlerlos mitsingen. Ich bin nicht egoistisch, nur weil ich keine Kinder habe. Ich halte den Sozialstaat für eine gute Einrichtung, sofern er Notfälle lindert, nicht, wenn er einen Lebensstil unterstützt. Meinen Krankenkassenbeitrag finde ich ausreichend hoch. Und im Übrigen verstehe ich nicht, warum ich anderen Leuten die Solarzellen auf dem Dach bezahlen soll.

Ich liebe meine Arbeit und möchte auch mit 67 keine Rentnerin sein, schon weil ich mir das gar nicht leisten könnte. Ich habe nichts gegen Menschen, die dem Islam oder sonst einer Religion anhängen, solange sie mich respektieren und die Tatsache, dass ich es nicht tue. Ich mag keine Vermummten, egal ob die dafür eine Religion brauchen oder nicht. Ich glaube, dass es jedem erlaubt sein muss, auch noch den gröbsten Unfug zu äußern. Ich muss ihm ja nicht beipflichten. Und über Bücher urteile ich nicht, solange ich sie nicht gelesen hat.

Ich bin Ihre Wählerin, Frau Merkel, die auf den »Aufbruch« nicht mehr warten mag, den Sie einst verheißen haben.

Ich bin Ihre Wählerin gewesen.

Ich habe mich geirrt. Ich habe Ihnen zugetraut, die eingefahrenen Pfade zu verlassen. Ich habe Sie beim Wort genommen. Habe auf mehr Verstand, mehr Sachlichkeit, mehr kühle Analyse anstelle menschelnder Wärme gehofft. Auf Mut zu Entscheidungen statt auf Opportunismus. Auf Politik statt Wahlkampf. Auf Angie statt Tina.

Als Angie schienen Sie einen historischen Moment lang auf wie eine echte Alternative. Haben Sie sich in die Macht verliebt? Ist Macht womöglich eine Illusion? Oder ist alles viel einfacher? »Die Verwandlung des Amtes durch den Menschen dauert etwas länger als die Verwandlung des Menschen durch das Amt.« Joschka Fischer, bevor er sein eigenes Denkmal wurde.[1] Da mag er recht haben. Doch Ihre Wähler haben wieder ein paar Hoffnungen weniger.

Ach, da sehe ich sie müde abwinken, die Veteranen von Deutschland (West), die immer schon wussten, dass Politiker machtversessene Berufsversager sind. Und dass man ganz schön naiv sein muss, um auch nur ein Wort von dem zu glauben, was die alles so erzählen, wenn der Tag lang und sie noch in der Opposition sind. Was schert mich mein Geschwätz von gestern? Sagte Adenauer. Sagt Franz Müntefering. Empfinden alle.

Die Veteranen aus Deutschland (Ost) sehen das nicht viel anders: Politiker sind Marionetten des Finanzkapitals, Politik ist bloßer Überbau, ändern tut sich gor nüscht, die da oben, wir da unten. Diese so ganz Abgeklärten und Zynischen sind mir eher unheimlich.

Besser verstehe ich all die anderen, die gut gelaunt ihr Leben leben und nur eine große Bitte haben: Man möge ihnen nicht immer moralgesättigt hineinreden dabei. Sie nicht dauernd gängeln und kujonieren. Das sind die Entspannten, die anerkennen, wie großartig ein freies Land ist, rechtsstaatlich fundiert, mit funktionierenden Institutionen und einer weitgehend angenehmen Bevölkerung. Die tun deshalb auch gern etwas für dieses Land, wenn man sie nett fragt. Jedenfalls nicht aus Schuldgefühlen, schlechtem Gewissen oder mangelndem Selbstrespekt. Sie fühlen sich als freie Bürger eines freien Landes, nicht ohne Stolz darauf und auf die eigene Leistung. Und sie mögen die ganzen abgefressenen Vokabeln der Moralapostel und politisch Korrekten ebenso wenig wie den nationalen Minderwertigkeitskomplex, der sich dahinter verbirgt.

Sie möchten keine erzwungene Solidarität üben, sondern großzügig sein. Sie brauchen keine Opfer für ihre Mildtätigkeit, sie wünschen sich die anderen vielmehr auf Augenhöhe, als Herausforderung, ja als Konkurrenten. Auch in der Arbeit am Guten und Besseren. Sie tolerieren jeden, der sie respektiert. Und umgekehrt.

Übrigens: Die meisten von denen wären, fragte man sie, der Meinung, dass Politiker zu schlecht bezahlt werden und dass die politischen Führungskräfte nicht schlechter stehen sollten als Wirtschaftsführer. Auch die Diäten der Abgeordneten dürften denen leitender Angestellter in der Wirtschaft entsprechen. Sogar Boni gäbe es, etwa für die deutliche Verschlankung des Betriebs – man könnte beispielsweise die Abgeordnetenzahl in Bund und Ländern reduzieren, auch durch die Zusammenlegung von Bundesländern.

Nicht weil sie mit der gegenwärtigen Leistung der Volksvertreter einverstanden wären. Sondern weil sie sich von höheren Diäten eine größere Auswahl potenzieller Mandatsträger für die Zukunft erhoffen – von unabhängigen Leuten etwa, die sich von keiner Parteiräson und keiner mächtigen Lobby ihren Schneid abkaufen lassen.

Sie haben Respekt vor dem Amt, weil sie wissen, was das heißt: Verantwortung übernehmen. Doch deshalb geht ihnen der Respekt für die eine oder andere Amtsperson manchmal ab. Sie fühlen sich unter Niveau regiert.

Und jetzt, Frau Merkel?

Wie schnell ist aus dem Herbst der Entscheidungen der Winter des Missvergnügens geworden! Und schon beginnt das Frühjahr der Wahlen – sieben Landtags- beziehungsweise Bürgerschaftswahlen an der Zahl. Wird die Kanzlerin den Parteifreunden in Hamburg, Baden-Württemberg oder Mecklenburg-Vorpommern beistehen und das Ruder herumreißen? Und wenn ja – in welche Richtung?

Wer 2011 wählen muss, hat es mit keiner Entscheidung leicht. Aus dem derzeitigen Meinungsklima kann man schließen, dass die meisten der sieben Wahlen eine bundespolitische Schlagseite haben werden. Doch auf Bundesebene ist die SPD ein gerupftes Huhn, das noch nicht einmal mehr gackern mag. Die FDP fristet eine freudlose Existenz unter der Auslegeware. Nur die Grünen stehen fett im Futter, sind sozial immer auf der warmen Seite und wissen sich mit der Natur im Bunde.

Die Grünen seien ja doch nur eine Dagegen-Partei, wie Angela Merkel im kämpferischen Modus bemerkte? Mag sein, doch noch können sie sich das leisten. Sie sind beim seligen Zustand der Alternativlosigkeit noch nicht angelangt, da landen sie wohl erst, wenn sie mitregieren müssen.

Was die EU betrifft, so sieht man auch bei ihnen kein Konzept. Was das Wahlrecht betrifft, werden auch sie nicht den Ast absägen, auf dem viele von ihnen sitzen. Auch an der Kleinstaaterei rüttelt niemand, der zu Kirchturmpolitik neigt. Das werden wir spätestens beim Bau von Trassen für jene Starkstromleitungen sehen, die für die effiziente Nutzung von Windkraft und Sonnenenergie nötig werden.

Und so wird auch das Marathonwahljahr an der bundespolitischen Lage nichts ändern. Wird von Krise zu Krise bis 2013 weitergemerkelt. Erlauben Sie mir, Frau Bundeskanzler, in diesem Kontext einmal an Sie zu denken! Für den Nachruhm des ersten weiblichen Bundeskanzlers ist diese Lage nicht günstig, wenn man nicht auf den kleinen Unterschied reduziert werden will. Und darauf, dass unverhofft mal wieder ein Mantel der Geschichte vorbeiweht, kann man sich nicht verlassen.

Viel bleibt da nicht übrig für die Geschichtsbücher. Die Reformkanzlerin hat sich erledigt. Die Klimakanzlerin auch. Und als große Zögernde möchten Sie womöglich nicht in Erinnerung bleiben, als eine, die es stets verstand, so lange zuzuschauen, bis sich irgendetwas herausgemendelt hat, das man dann »alternativlos« nennen konnte.

Wie wär's mit einem Zurück zur alten Angie, der Frau, die die Wahrheit sagte? Erinnern Sie sich noch, Frau Merkel? Sie können doch nicht völlig vergessen haben, wie das geht!

Den Deutschen, steht in Umfragen, ist ihr Sozialstaat heilig. Sagen Sie ihnen doch einfach mal wieder, was ja eigentlich alle wissen: Der Sozialstaat wird durch Schulden erkauft – und durch die Ausbeutung der kleinen und mittleren Steuerzahler. Außerdem tut er nicht, was er soll: Er hilft nicht in Ausnahmesituationen, sondern führt in die lähmende Abhängigkeit. Er gibt die falschen Anreize. Er zieht zwar Migranten an, aber die falschen. Gegen all das sollte man etwas tun – nicht aus Mitleidslosigkeit mit Menschen, sondern als Fürsorge für sie.

Kontroverse Meinungen und der Streit darum sind immer hilfreich. Unterstützen Sie die Neigung der kommentierenden Klasse nicht, Meinungen abzustrafen. Thilo Sarrazin hat eine wichtige Debatte angestoßen, die ein klares Ergebnis hat: Unser Problem sind nicht die Minderheit der Nichtintegrierbaren allein, die im Übrigen keineswegs nur muslimisch sind. Unser Problem ist mangelnder Selbstrespekt. Und die falschen Anreize, die von Sozialstaat und Steuersystem ausgehen.

Rechnen Sie die falschen Anreize in der Energie- und Klimapolitik gleich mit dazu. Die Lobbyismus und Klientelpolitik geschuldeten einseitigen Subventionen – von Atomstrom ebenso wie von Wind- und Sonnenenergie – verzerren den Markt und verhindern den wünschenswerten Erfindungsreichtum bei der Entwicklung anderer, vor allem lokaler Lösungen.

Sagen Sie ruhig, dass Sparen vor allem bei fossilen Energieträgern und ein respektvoller Umgang mit Ressourcen nie verkehrt ist. Man muss ja nicht gleich beanspruchen, mit so ein bisschen Vernunft das Klima und die Welt zu retten.

Und dann, liebe Angela Merkel, heben Sie bitte zum ganz großen Gesang an. Sagen Sie Nein zur Währungsunion, geben Sie den Deutschen die D-Mark wieder und halten Sie die Ohren steif, wenn daraufhin das Geschimpfe auf die hässlichen Deutschen losgeht. Britische Ökonomen taxieren die Überlebenschance des Euro auf gerade mal 20 Prozent. Schon 2011 könnte es vorbei sein – wenn Spanien und Italien im Frühjahr Geld brauchen, weil sie Anleihen über 400 Milliarden Euro refinanzieren müssen.[2] Mir scheint, dass die denkbaren Konsequenzen besser sind als ein Schrecken ohne Ende.

Sie wissen das besser? Das geht nicht? Aus welchem Grund auch immer? Dann sagen Sie meinetwegen Ja zu Europa. Aber laut! Sagen Sie, dass ein starkes Europa nur mit einem starken Deutschland zu haben ist. Fordern Sie Respekt – den Deutschen gegenüber, die ihre Eigenheiten haben, aber insgesamt ein ziemlich entspanntes, aufgewecktes und kreatives Volk sind. Nehmen Sie denen wiederum die

Last, als ewig Schuldige in Haftung genommen zu sein. Sagen Sie: Wir Deutschen übernehmen Verantwortung auch für die Vergangenheit, an der wir nicht persönlich schuld sind. Wir verbeugen uns vor den Opfern. Es verbergen sich keine Barbaren unter unserer zivilen Oberfläche. Es steckt kein Nazi in jedem von uns. Und wir sind auch nicht mehrheitlich Oberlehrer oder Tugendwächter. Wir verdienen Vertrauen.

Nicht am deutschen Wesen soll die Welt genesen. Aber wenn wir schon zahlen sollen für halb Europa, wollen wir nicht die Einzigen sein, die ihre volle Rente erst mit 67 beziehen.

Was wir für Europa tun können, tun wir mit kämpferischem Optimismus: Wir haben schon mehr als eine klapprige Kiste wieder ans Laufen gebracht. Und was wir tun können, tun wir für die Zukunft, nicht als Ablass für die Vergangenheit.

Sie sehen, Frau Merkel, so leicht wäre es, mein Vertrauen wiederzugewinnen, wenn Sie nur mit Überzeugung und guten Gründen endlich eine Position, die diesen Namen verdient, vertreten und danach handeln würden. Ich bin nicht auf »schwarz« oder »weiß« festgelegt. Ich bin guten Begründungen gegenüber immer aufgeschlossen, wenn ich hinter ihnen Lauterkeit vermuten darf und kein machttaktisches Kalkül oder Klientelpolitik. Bei mir darf man die Meinung wechseln, wenn das gut begründet und offen zugegeben wird.

Wenn Ihnen das gelingt, zum Beispiel im Kampf um den Euro und Europa, dann ist Ihnen ein Platz in den Annalen gewiss. Vor allem wäre damit das kostbarste Pfund zurückgewonnen, mit dem ein Politiker wuchern kann: Vertrauen.

Doch da stocke ich schon. Wie sollte eine Regierung, die noch nicht einmal eine Gesundheitsreform zustande bringt, in der Lage sein, die EU zu retten? Wie ein Parlament, das so überfordert zu sein scheint, dass seine Arbeit regelmäßig eine Mängelrüge vor dem Bundesverfassungsgericht zu fürchten hat? Wie ein Staat, dessen Finanzbehörden nur vorläufige Steuerbescheide erteilen können, weil auch hier das Bundesverfassungsgericht das letzte Wort hat?

Ich gestehe: Ich finde es peinlich für ein vom Volk gewähltes Parlament, dass es die Entscheidung über Bagatellen wie Pendlerpauschale und Hartz-IV-Sätze dem obersten Gericht überlassen muss. Arbeitet der Bundestag wirklich so schlecht? Oder traut man sich nichts mehr und überlässt unbequeme Angelegenheiten lieber einer »höheren, weiseren Instanz«? Einer »geistigen Elite«? Die demokratisch nicht legitimiert ist, weil sie nie gewählt wurde? Ist das Ihr Verständnis von Demokratie?

Ja, da hatten und haben Sie recht: Ein starkes Land mit großen Aufgaben braucht eine »Politik aus einem Guss« und eine Regierung, die auch mal »durchregieren« kann und will. Stattdessen verschwenden ihre Mitglieder kostbare Zeit mit Wahlkampf im Minutentakt und Dauerwerbesendungen. Ein Mehrheitswahlrecht und die Entmachtung der Länder würden Druck reduzieren. Und im Übrigen finanziellen Spielraum schaffen für höhere Politikergehälter. Denn Leistung muss sich lohnen. Das findet auch der Steuerbürger.

Liebe Frau Merkel, Sie haben ein großes Vorbild: Katharina die Große. Die hat sich nach einem Staatsstreich zur Zarin ausrufen lassen. Eine Putschistin? Das wäre in der Tat ein schlechtes Vorbild. Doch Katharina die Große wollte als aufgeklärte Monarchin nur Gutes, nämlich eine umfassende Verwaltungsreform durchsetzen, ohne dass dauernd jemand dabei störte.

Was wollen Sie mir mit diesem Vorbild sagen? Wer stört Sie beim großen Reformwerk? Muss ich auf Ihren Staatsstreich warten? Oder geht's auch ohne?

Die deutschen Frauen müssen 2011 nicht erneut Fußballweltmeisterinnen werden, um zu zeigen: Deutschland kann mehr. In diesem Land ist noch viel drin. Man muss es, liebe Kanzlerin, nur rauslassen. Das ist es, was ich von Ihnen erwartet habe. (M)ein Irrtum?

Anmerkungen

1 1998, zitiert bei Koelbl, a.a.O., S. 6.

2 Das britische Wirtschaftsinstitut CEBR, zitiert in der »Welt«, 1.1.2010.

AUSGEWÄHLTE LITERATUR

Jürgen Bellers (Hg.), *Zur Sache Sarrazin*, Münster 2010

Kai Diekmann, *Der große Selbstbetrug. Wie wir um unsere Zukunft gebracht werden*, München 2007

Thea Dorn, *Ach, Harmonistan. Deutsche Zustände*, München 2010

Jan Fleischhauer, *Unter Linken. Von einem, der aus Versehen konservativ wurde*, Reinbek 2009

Hans-Olaf Henkel, *Rettet unser Geld! Deutschland wird ausverkauft. Wie der Euro-Betrug unseren Wohlstand gefährdet*, München 2010

Paul Kirchhof, *Das Gesetz der Hydra. Gebt den Bürgern ihren Staat zurück!*, München 2008

Herlinde Koelbl, *Spuren der Macht. Die Verwandlung des Menschen durch das Amt. Eine Langzeitstudie*, München 1999

Gerd Langguth, *Angela Merkel. Biografie*, aktualisierte Neuausgabe München 2010

Jürgen Leinemann, *Höhenrausch. Die wirklichkeitsleere Welt der Politiker*, München 2004

Angela Merkel, *Mein Weg. Angela Merkel im Gespräch mit Hugo Müller-Vogg*, Hamburg 2004

Friedrich Merz, *Nur wer sich ändert, wird bestehen. Vom Ende der Wohlstandsillusion – Kursbestimmung für unsere Zukunft,* Freiburg 2004

Evelyn Roll, *Die Kanzlerin. Angela Merkels Weg zur Macht*, erweiterte und aktualisierte Neuausgabe Berlin 2009

Thilo Sarrazin, *Deutschland schafft sich ab. Wie wir unser Land aufs Spiel setzen*, München 2010

Hajo Schumacher, *Die zwölf Gesetze der Macht. Angela Merkels Erfolgsgeheimnisse*, München 2006

Peter Sloterdijk, *Aufbruch der Leistungsträger*, in: »Cicero«, November 2009

Peter Sloterdijk, *Der verletzte Stolz*, »Spiegel«, 8.11.2010

Peter Sloterdijk, *Warum ich doch recht habe*, »Zeit«, 2.12.2010

Peer Steinbrück, *Unterm Strich*, Hamburg 2010

Gabor Steingart, *Die Machtfrage. Ansichten eines Nichtwählers*, München 2009

Cora Stephan (Hg.), *Wir Kollaborateure. Der Westen und die deutschen Vergangenheiten*, Reinbek 1992

Cora Stephan, *Der Betroffenheitskult. Eine politische Sittengeschichte*, Berlin 1993